사무라이와 쇼군의 후예들

Japan

AD 1000 - 1700

타임라이프 세계사 12 _ 일본

사무라이와 쇼군의 후예들

Japan

AD 1000 - 1700

타임라이프 북스 지음 | 김훈 옮김

차례

사무라이와 쇼군의 후예들

떠오르는 태양의 나라

－일본의 개관과 연표

"가라! 그대의 자손들이 그대의 왕조를 이어갈 것이다. 그 왕조는 하늘과 땅처럼 영원히 지속되리라." 하늘의 여신 아마테라스 오미가미(天照大神)는 손자 니니기(瓊瓊杆)에게 이렇게 명령하며 그를 일본 땅에 내려보내 그곳을 다스리게 했다. 니니기는 하늘에서 일본 열도 남쪽에 있는 규슈(九州)에 내려왔다. 그러나 그는 그곳에 계속 머무르며 그 땅을 증손자인 진무(神武)에게 넘겨줌으로써 아마테라스가 바라던 바를 이루게 했다. 진무는 가장 큰 섬인 혼슈(本州)로 간 뒤 거기서 '떠오르는 태양의 나라'의 초대 왕이 되었다.

일본 연대기인 〈니혼쇼키(日本書紀)〉에는 일본 건국에 관한 이런 이야기가 수록되어 있다. 이 책이 나온 700년대 초, 일본의 많은 씨족들은 진무 왕의 혈통을 이어받았다고 주장하는 한 왕조의 지배를 받았다. 이 왕조는 나라(奈良)에 수도를 건설했는데, 그 건설 과정에서 중국의 예를 많이 본땄다. 그 전에 이미 일본 왕실은 중국의 예를 본떠 다이카(大

化)로 알려진 일련의 정치개혁을 단행하는데, 이 개혁은 중앙정부의 권력 강화를 목적으로 했다.

사실 일본은 중국과 백제에서 건너온 사람들이 의학, 문학, 미술, 수학, 농업과 관련된 중국식 문물을 계속 전파하면서 큰 덕을 입었다. 또한, 일본인들은 백제의 무역업자들을 통해서 새로운 종교인 불교를 받아들였다. 불교는 인도에서 중국으로, 거기서 다시 한반도로 전래된 뒤 마지막으로 일본에 전해졌다. 〈니혼쇼키〉에 의하면 6세기경 백제의 한 왕은 일본 왕실에 불상과 경전, 그리고 다음과 같은 친서를 보냈다. "이 경전은 어떤 가르침보다도 훌륭합니다."

그러나 일본인들은 중국인의 삶의 방식을 그대로 받아들이지는 않았다. 예를 들어, 일본 왕실의 경우에는 중국에서와 달리 하늘의 신뢰를 잃는 바람에 주기적으로 왕조가 바뀌는 일이 없었다. 일본의 역대 왕들은 태양 여신의 후손으로 여겨진 정통 왕가에서만 배출되었다. 그러나 일본의 왕

500년대
일본에 불교가 전래되다.

646
다이카 개신 단행

710
나라에 존립 기간이 긴 최초의 수도를 건설하다.

794
헤이안 시대가 시작되고 교토가 새 수도가 되다.

900년대
지방에서 무사계급이 강성해지다.

995
후지와라 미치나가가 권력을 잡다.

1000경
세이 쇼나곤, 〈마쿠라노소시〉를 쓰다.

1008-1020경
무라사키 시키부, 〈겐지 모노가타리〉를 쓰다.

1160
다이라 기요모리가 미나모토를 누르고 일본의 군사 권력자가 되면서 후지와라 가문의 지배가 끝이 나다.

들, 그중에서도 특히 나라 시대 이후의 왕들은 대개 명목상의 수장(首長)에 불과했다. 중요한 나랏일은 권세 있는 다른 가문의 사람들이 맡았다.

교토(京都)로 수도를 옮긴 794년부터 시작된 헤이안(平安) 시대에 가장 큰 권세를 누린 가문은 후지와라(藤原) 가였으며 그 가문의 사람들은 대대로 왕의 섭정 역할을 맡았다. 995년에 권력을 잡은 후지와라 미치나가(藤原道長)는 헤이안 시대 섭정들 가운데 가장 세력이 막강한 인물이었다.

미치나가의 조상들 가운데 최초의 섭정은 다음과 같이 적었다. "일본이 뮤즈의 축복을 받은 땅이라는 성스럽고 유서 깊은 전설이 있다." 헤이안 시대의 문학은 그의 말이 사실임을 뒷받침해줬다. 이 시대의 시인들과 작가들은 대체로 한문으로 시와 산문을 썼는데, 그것은 일본인들이 수백 년 전부터 중국의 문자체계를 채용해서 써왔기 때문이다. 사적인 글들을 쓸 때는 '가나(假名)'로 알려진, 한문을 변형시켜 만든 음절 문자를 사용했다. 여성들은 한문 교육을 받는 경우가 드물어 대개 가나로 글을 썼다. 이 시대에 여성들이 쓴 걸작들 중에서 특히 주목받은 두 편의 작품으로는 세이 쇼나곤(清少納言)이 궁중 생활을 예리하게 묘사한 〈마쿠라노소시(枕草子)〉, 무라사키 시키부(紫式部)가 헤이안 시대 왕궁의 로맨스와 음모를 상세히 기록한 〈겐지 모노가타리(源氏物語)〉를 들 수 있다.

교토 밖의 각 지방에서 사람들은 불법 침입자들로부터 자기네 땅을 지키기 위해 싸웠다. 헤이안 시대에는 사무라이(侍)라는 귀족 출신의 전사들을 포함한 무사계급의 세력이 점점 더 강해졌다. 12세기 말경 도시 귀족들은 통치권을 상실했으며, 이때 막강한 두 무사 가문인 다이라(平) 가와 미나모토(源) 가는 나라의 패권을 노리고 전투를 벌였다. 결국 이 전투에서 승리한 미나모토 가의 지도자 요리토모(賴朝)는 가마쿠라(鎌倉) 시에 가마쿠라 바쿠후(鎌倉幕府)로 알려진 군사정권을 세웠으며, 1192년에는 일본의 쇼군(將軍)이 되었다.

일본 무사는 옻칠을 한 철갑옷을 걸치고 검과 단도와 활로 무장한 인상적인 모습을 하고 있었다. 그들은 자기네의 다이묘(大名)나 지방 영주들, 쇼군에게 충성을 맹세하고, 명예와 영광과 전리품을 얻기 위해 기꺼이 싸움터에 뛰어들었다. 그러나 가마쿠라 바쿠후 정권이 세워지고 수십 년 동안 평화가 계속되면서 무사들은 전쟁을 통해 승진하고 출세할 수 있는

1185
미나모토 요리토모가 다이라를 무찌르고 가마쿠라 바쿠후를 세우면서 헤이안 시대가 막을 내리다.

1192
미나모토 요리토모, 가마쿠라 바쿠후의 첫 쇼군이 되다.

1274
몽골 군이 일본 침략을 시도하나 격퇴당하고 1281년의 2차 원정 역시 실패로 돌아가다.

1331–1333
고다이고 왕이 전투 끝에 패권을 장악하고 가마쿠라 바쿠후가 무너지다.

1336
아시카가 다카우지, 고다이고 왕의 군대를 무찌르고 교토에 새로운 왕을 세우다. 고다이고 왕은 남쪽으로 피신해 남조(南朝)를 세우다.

1392
북조와 남조가 화친하다.

1467
쇼군 직위 계승을 둘러싸고 벌어진 전쟁이 센고쿠 시대로 알려진 100년 전쟁을 점화시키다.

1543
포르투갈 인들이 일본에 총기를 들여오다.

1549
예수회 선교사 프란시스 하비에르가 와서 그리스도 교를 전파하기 시작하다.

기회를 거의 얻지 못했다. 그러다 1274년에 이르러 쿠빌라이 칸이 일본 공격을 추진하면서 상황이 일거에 변했다. 무사들은 일제히 일어나 몽골 함선들과 맞서기 위해 규슈의 하카타(博多) 만으로 달려갔다. 그리고 때마침 불어온 태풍 덕에 일본인들은 몽골 침략자들을 물리쳤다.

그런데 공로를 세운 가신들에게 보상으로 내려줄 땅이 부족하자 바쿠후 정권의 안녕은 위협을 받았다. 1330년, 고다이고(後醍醐)의 세력이 바쿠후의 권력을 인계받았다. 그러나 그후 고다이고 왕은 미나토(湊川) 강에서 아시카가 다카우지(足利尊氏)에게 패배하여 부득이 교토를 탈출해야 했다. 고다이고가 남쪽에서 왕조를 세우는 동안 다카우지는 교토에서 새로운 왕을 옹립했다. 내전은 그 뒤로도 계속되다 1392년, 남쪽의 왕이 퇴위하는 데 동의함으로써 끝이 났다.

1467년, 쇼군 직위 계승을 둘러싼 싸움은 100년간에 걸친 센코쿠(戰國) 시대의 막을 열었는데, 그런 상황은 나라 경제에 유익한 역할을 했다. 무기, 갑옷, 기본적인 생필품들에 대한 다이묘들의 수요가 늘어나면서 상인들은 부유해졌고, 상품을 안전하게 운반하는 역할을 할 상업조합과 그밖의 조직들이 형성되었다.

예술 역시 융성했다. 건축, 조각, 도예 등이 발전했으며, 금속세공도 예술의 반열에 올라섰다. 위대한 전쟁소설, 역사물, 시가 쏟아져 나왔다. 그 시대 최대의 예술적 성취의 하나가 노(能)인데, 이것은 시와 무용과 음악의 종합을 통해서 탄생한 양식화된 드라마 형식이다.

같은 시기에 불교는 한층 더 널리 퍼졌다. 무사들은 자존(自尊)을 강조하는 선불교에 특히 경도되었다. 16세기에 이르러 포르투갈 상인들을 따라 들어온 예수회 선교사들은 또 다른 종교, 곧 그리스도 교를 일본에 소개했다.

포르투갈 상인들 역시 신기한 물건인 총기류를 들여왔다. 오다 노부나가(織田信長)도 그 새로운 무기를 전투에 이용한 인물인데, 그는 1568년 교토에 입성하면서 일본 통일을 향한 첫걸음을 내디뎠다. 노부나가가 살해당한 뒤에는 도요토미 히데요시(豊臣秀吉)가 권력을 장악했으며, 일본의 66개 현(顯) 전체를 지배했다.

1590년대에 이르러 히데요시는 새 땅과 무역로를 개척하기 위해 조선에 군대를 보냈지만, 결국 원정은 실패로 돌아가고 말았다. 1598년 히데요시가 사망한 뒤에 일어난 권력 쟁탈의 과정에서 지속적인 평화라는 목표를 실현하려 한 인

오다 오부나가가 교토를 점령하면서 센코쿠 시대가 끝날 조짐을 보이다.

노부나가·도쿠가와 연합군이 나가시노 전투에서 승리하다.

히데요시 군이 처음으로 조선에 침입하다. 1597년에 재차 침입하다.

이에야스, 세키가하라 전투에서 승리를 거두고 군사적 패권을 장악하다. 네덜란드 배가 처음으로 들어오다.

네덜란드, 규슈에 교역장을 세우다.

아시카가 바쿠후의 마지막 쇼군이 교토에서 쫓겨나다.

노부나가가 살해당한 뒤 도요토미 히데요시가 권력을 장악하다.

히데요시가 사망한 뒤 일본군, 조선에서 철수하다.

이에야스, 쇼군의 칭호를 얻다. 오쿠니 무용단, 교토에서 가부키를 처음으로 공연하다.

물인 도쿠가와 이에야스(德川家康)가 등장했다. 1603년 그는 도쿠가와 바쿠후를 세우고, 12년 뒤에는 오사카(大阪) 성을 포위공격하여 점령하고는 성주인 히데요시의 아들을 자결하게 했다.

도쿠가와는 평화와 안정을 유지하기 위해 사회를 조직화했는데, 그 사회에서는 그리스도 교로 개종한 이들을 배제했다. 1600년 무렵, 이에야스는 네덜란드 상인들을 환대했는데, 그것은 대체로 그들이 그리스도 교 선교 활동은 하지 않고 오로지 무역에만 전념하겠다고 약속했기 때문이다. 1610년대 중반, 이에야스는 그리스도 교 선교사들을 추방했으며, 그로부터 20년 뒤 일본인들은 소수의 외국 상인들을 제외한 모든 외국인의 출입을 엄금했다.

도쿠가와가 이룩한 평화 속에서 일본은 번영했으며 상인들은 부유해졌다. 1600년대 말에 이르러 상인들의 부는 새롭고 활기 넘치는 겐로쿠(元祿) 시대를 여는 데 일조했다. 가부키(歌舞伎), 인형극, 대중문학, 미술이 번성했고, 대도시들의 환락가는 밤새 불야성을 이뤘다. 그 시대의 다채롭고 생기발랄한 생활양식에는 '덧없는 세상' 이라는 별칭이 붙었으며, 그후 그 양식은 오래가지 못하여 정말로 덧없는 것임

이 입증되었다. 여러 차례에 걸친 자연재해로 1704년 겐로쿠 시대는 종말을 고했다.

도쿠가와 바쿠후는 다음 150년 동안에도 계속 명맥을 유지했지만 그 권위는 땅에 떨어졌다. 그 시대에 일본은 쇄국 정책을 펴면서 일본을 찾아오는 유럽의 무역선들을 물리쳤다. 그러다 1853년에 이르러 미국의 매튜 페리 제독은 전함들로 이루어진 소함대를 이끌고 에도(江戶) 만에 나타났다. 페리는 자기들은 단지 일본과의 무역을 원하며, 도움이 필요한 미국 선원들에게 일본인들이 호의를 베풀어주기만 하면 된다고 주장했다. 그러나 그런 요구조건에는 일본에 대한 은근한 위협이 내재되어 있었다. 이듬해, 페리가 더 많은 전함을 이끌고 일본에 돌아왔을 때 결국 제한된 형태의 무역을 골자로 하는 협정이 체결되었으며, 다른 나라들과의 무역협정도 잇따라 체결되었다. 1868년, 도쿠가와 체제에 맞선 이들은 바쿠후 체제를 무너뜨리고 나라의 통치권을 왕과 그의 추종세력에게 돌려줬다. 일본은 과거에 중국의 다양한 사상을 받아들였던 것과 마찬가지로 서구의 사상, 방법, 제도를 수입하여 자기들의 고유한 문화에 접목시키기 시작했다.

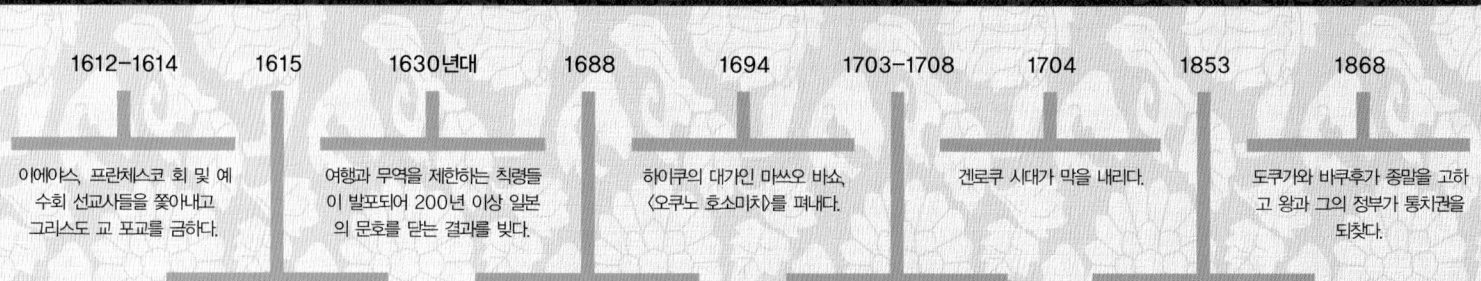

| 1612-1614 | 1615 | 1630년대 | 1688 | 1694 | 1703-1708 | 1704 | 1853 | 1868 |

이에야스, 프란체스코 회 및 예수회 선교사들을 쫓아내고 그리스도 교 포교를 금하다.

여행과 무역을 제한하는 칙령들이 발포되어 200년 이상 일본의 문호를 닫는 결과를 빚다.

하이쿠의 대가인 마쓰오 바쇼 〈오쿠노 호소미치〉를 펴내다.

겐로쿠 시대가 막을 내리다.

도쿠가와 바쿠후가 종말을 고하고 왕과 그의 정부가 통치권을 되찾다.

이에야스, 오사카 성을 함락시키다. 이에야스 법령을 발포하기 시작하다(부케쇼핫토).

겐로쿠 시대가 시작되다.

지진 홍수, 화재가 일본을 유린하다. 후지 산 분화구가 분출하다. 홍역이 유행하다.

미국의 매튜 페리 제독이 일본에 오다.

일본은 혼슈, 규슈, 시코쿠, 홋카이도라는 네 개의 주요 섬으로 이루어진 나라이다. 이 네 섬 중에서 홋카이도는 19세기 말엽에 이르러서야 일본에 편입되었다. 일본 본토와 가장 가까운 나라들은 한국과 중국인데, 한국은 규슈 서쪽 해안에서 192km가량, 중국은 800km가량 떨어져 있다. 과거 역사의 대부분 기간 동안 일본은 다른 나라들과 지리적으로 멀리 떨어진 덕에 13세기 말 쿠빌라이 칸이 규슈 하카타 만에 군대를 상륙시키려 시도한 경우 말고는 외국의 침략을 거의 받지 않았다. 그로부터 300년 뒤 일본의 지도자 도요토미 히데요시는 조선을 침략하고 수도를 함락시킴으로써 그때의 일을 되갚아줬으나, 그후 일본군은 결국 한반도에서 물러나고 말았다.

일본은 대체로 산과 울창한 숲이 많은 편이라 경작지가 얼마 되지 않는다. 농사짓기에 적당한 주요 평야들로는 도쿠가와 바쿠후의 쇼군들이 머물렀던 도시 에도(오늘날의 도쿄)가 자리 잡은 간토(關東) 평야, 16세기의 다이묘 오다 노부나가의 출생지 나고야(名古屋)가 있는 노비(濃尾) 평야, 8세기 무렵의 수도였던 나라와 헤이안 시대의 왕실 도시 교토가 자리잡은 기나이(畿內) 평야가 있다. 역사의 전 과정에 걸쳐, 이 섬나라를 둘러싼 2만 7,000km의 해안선은 풍부한 해산물을 제공함으로써 주요 농산물인 쌀을 보완했다.

일본의 험준한 산봉우리, 벚꽃이 활짝 핀 벚나무, 층층이 형성된 산자락, 물살이 센 강, 깊은 바다는 늘 일본인들에게 생생한 영감을 불어넣어주었다. 모든 풍경이 다 그렇게 절경일 수는 없으나, 도카이도(東海道)를 따라 에도에서 교토까지 가는 가난한 여행자조차도 그 장엄한 후지(富士) 산은 늘 볼 수 있었다. 17세기의 시인 바쇼는 부유하지는 않았으나, 길을 한 굽이만 돌아가면 또 다른 절경이 기다리고 있다는 것을 잘 아는 욕심 많은 여행자였다. "혼자서 요시노의 산 속으로 들어갔네. 산봉우리마다 흰 구름이 걸려 있고, 골짜기마다 이슬비로 자욱하네."

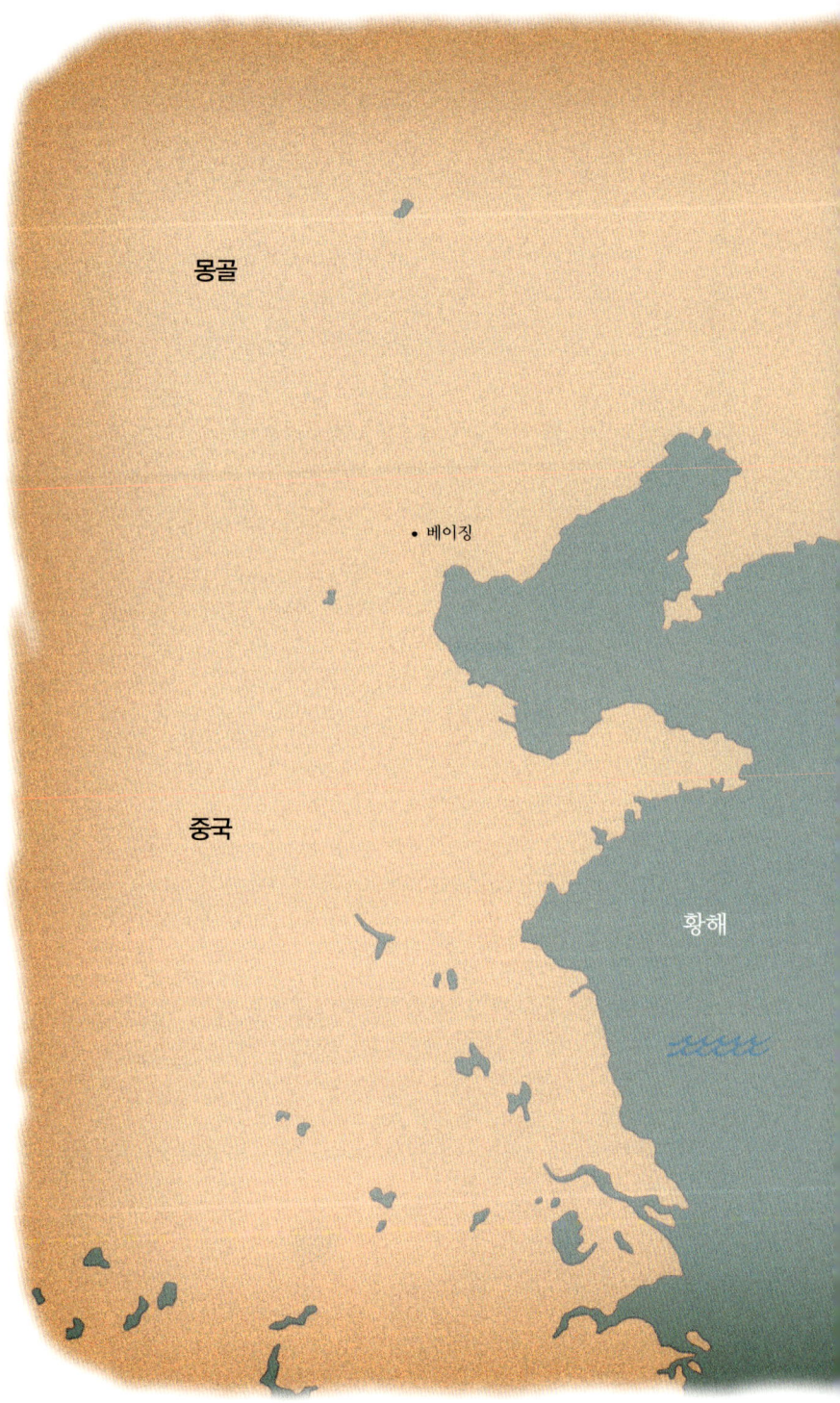

몽골

• 베이징

중국

황해

만주

홋카이도

혼슈

동해

서울

한국

오키 섬

일본

도카이도 · 에도(도쿄)
비와 호 · 세키가하라 · 후지 산 ▲ 가마쿠라
교토 · · 나고야 하코네
요도 강 · 우에노
효고 · · · 이세
오사카 나라

쓰시마

이키 · 하카타

시코쿠

벳푸 만

태평양

북

나가사키

규슈

동중국해

다네가시마

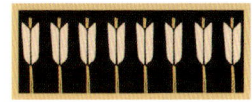

1 :: 빛나는 왕자의 궁

교토 호조지 사(法靜寺)의 뜰에 한 사람이 호젓이 서서 새로 세운 금당(金堂)의 초록빛 기와지붕과 황금빛 문과 하얀 벽들이 막 떠오른 태양 빛을 받아 눈부시게 빛나는 광경을 물끄러미 바라보고 있었다. 후지와라 미치나가(藤原道長)는 거의 잠을 이루지 못했다. 밤새 그는 1022년 8월 어느 아침의 행사를 위해 혹시 준비가 소홀한 부분은 없는지 살피느라 잠을 설쳤다. 오늘이 바로 그 금당의 헌당식을 거행하는 날이었다. 막강한 후지와라 가문의 수장인 미치나가는 헌당식을 왕의 즉위식이나 결혼식에 버금가는 대단한 볼거리로 만들 작정을 했다.

지난 며칠 동안 교토에는 사람들이 계속 몰려들었다. 수도의 거리는 황소가 끄는 수레들로 넘쳐났다. 미치나가는 수많은 수레가 몰려들 것에 대비해 절의 동쪽 벽을 허물어 넓은 빈터를 마련해놓았으며, 이제 그 빈터에는 큼직한 바퀴가 달린 수레들이 잔뜩 들어찼다. 그중에는 차대가 높고 옻칠을 하고 화려하게 장식을 했으며, 안에 비단 커튼과 값비싼 설비를 갖추고 초록빛 박공지붕을 덮은 중국식 대형 수레들도 있었다. 나라에서는 왕족과 고위 관리에게만 그런 수레를 탈 수 있도록 허용했다. 그 아래 직급의 귀족들이 타는 수레는 이엉지붕을 얹은 것이었다. 그리고 그보다 신분이 낮은 이들은 네 귀

일본 헤이안 시대(AD 794–1185)의 이 귀족들은 왕실의 달구경 축제에 참가하기 위해 나온 사람들로 보인다. 축제가 진행되는 동안 왕실 사람들은 왕궁 정원의 호수에 배를 띄우고 밤새 보름달을 바라보고 시를 지으면서 시간을 보냈다. 당대 왕실의 삶을 지배한 것은 갖가지 축제, 제례의식, 정치 음모 등이었다.

통이에 장대를 세우고 바닥은 나무판자로 만들었으며, 짚을 엮어 지붕을 얹은 수수한 수레로 만족해야 했다. 수레의 주인들은 최대 정원인 네 명을 태우고 수레를 몰았고, 수레에 탄 이들은 다다미(疊)를 깔고 앉았다.

사찰의 동쪽에 위치한 카모(鴨) 강변에도 며칠 전부터 지방정부에서 바치는 공물을 실은 뗏목들이 몰려와 북새통을 이루고 있었다. 그런 배들이 짐을 부릴 때면 어느 저자(著者)가, "마치 하늘에서 보물이 비 오듯 쏟아지기라도 한 것처럼 사방에 온갖 재화가 널려 있다"고 서술한 대목을 연상시키는 광경이 벌어졌다. 그것 역시 미치나가가 은근히 부추기는 바람에 일어난 결과였다. 그는 지방정부에 공물을 바치라고 명령했고, 지방수령들이 이에 부응하여 각 지방의 귀한 물산들을 앞 다투어 바치는 것을 보고 흐뭇해했다.

그러나 미치나가조차도 통제할 수 없는 어떤 움직임들이 있었다. 사찰의 정문 앞에는 평민들이 그 성대한 헌당식을 구경하기 위해 잔뜩 몰려와 있었다. 그들 가운데는 갖고 있는 천을 여러 날 동안 마름질하고 바느질하고 염색하여 외출복을 마련한 산악지대 주민들도 많이 있었다. 붉은 사냥복 차림을 한 특수 경호대는 그들이 들어오는 것을 막으려고 안간힘을 썼다. 헌당식 며칠 전에 열린 무용 연습 때 미치나가는 잔뜩 몰려와서 구경하는 평민들을 경멸 어린 눈길로 바라보면서 말했다. "꼴사나운 것들." 그는 그들의 출입을 막으라고 부하들에게 지시했다. 그러나 경호대원들이 구경꾼들을 뒤로 밀어내자 그들은 다시 앞으로 밀려왔다. 특히 그들은 화려하게 성장한 궁중의 귀부인들을 보려고 안달을 했다.

두 대비 쇼시와 겐시, 그리고 이시 왕비는 헌당식 전날 밤 상궁들과 함께 절에 도착하여 그들을 위해 절 안에 따로 마련해둔 숙소에서 하룻밤을 지냈다. 귀부인들은 행사를 위해 나뭇잎이나 꽃잎 그리고 바다와 관련된 문양들이 수놓인 화려한 옷을 골라 입었다. 그리하여 다양한 명암을 지닌 빨간색, 초록색, 푸른색, 노란색, 자주색, 분홍색 비단옷들이 만화경같이 화려한 정경을 펼쳐냈다.

그 여성들은 안감과 겉감 사이에 또 한 층의 천을 대서 빳빳하게 만든 빨간 문직 바지를 입었다. 그리고 바지 위에 색깔들이 아름다운 조화를 이루는 윤나는 비단옷을 몇 겹으로 걸쳐 입었다. 그 천은 옻칠을 하고 밀랍을 먹인 판에 비단 천을 펼쳐 풀을 먹여 만들었다. 풀이 다 마른 뒤 천을 벗겨내면 은은한 광택이 났다. 다른 어떤 옷보다도 화려하게 장식한 묵직한 비단 겉옷들로는 윗저고리와 긴 자락이 달려 총 길이가 3m나 되는 치마가 있었다.

여러 겹의 옷은 속에 입은 것일수록 소매가 길어 손목 부분에서 층층이 늘어선 색깔들이 작은 폭포수의 자태를 연출함으로써, 소매가 가마 밖으로 나오거나 가마 창에 드리운 발 사이로 얼핏얼핏 보일 때마다 보는 이들의 마음을 감질나고 안타깝게 했다. 헌당식 날 구경꾼들은 순간 스치고 지나가는 그 매혹적인 광경에 감탄을 금치 못했다. 한 저자는 그 광경을 보고 이렇게 적었다. "그 찬연함은 절로 천상 사람들의 모습을 떠올리게 한다."

그러나 최고의 장관은 그 다음에 따라왔다. 절 대문 밖에 몰려 있던 사람들은 절 안에서 울리는 은은한 음악 소리를 들을 수 있었다. 그것은 절 안의 호수를 떠도는 두 척의 배에서 나는 소리였다. 배에 탄 악공들은 6현금, 7현금, 13현금을 부드럽게 뜯고, 타악기로 리듬을 맞추고, 여러 종의 관악기로 절묘하게 휘 돌아가는 가락을 연출해냈다. 그러다 갑자기 모든 악기가 웅장한 아악 소리를 빚어냈다. 사람들이 일제히 고개를 돌리자 호화로운 가마 하나가 다가오는 광경이 보였다. 32명이 나르는 가마의 천개(天蓋) 꼭대기에는 황금빛 불사조 한 마리가 빛을 발하고, 가마 안에는 고이치조(後一條) 왕이 앉아 있었다. 가마가 절 대문을 향해 다가오자 경호대는 대문 앞에 몰려 있는 구경꾼들을 양옆으로 밀어냈다. 마침내 왕이 탄 가마가 경내로 들어서자 악공들과 무용수들은 열정적인 음악과 춤으로 그를 맞이했다.

왕이 가마에서 내리자 층계 밑에 대기하고 있던 미치나가가 왕을 맞아 커

다란 불상이 있는 곳으로 인도했다. 이윽고
불상 앞에 이른 왕은 관례에 따라 절을 했다.
이 유서 깊은 전통을 지켜보던 미치나가는 감격
스러운 마음에 쏟아지는 눈물을 걷잡을 수 없었다. 곧이어 왕세자도 참석함
으로써 헌당식은 차질 없이 진행되었다.

정오경이 되자 우렁찬 종소리가 울리면서 하객들은 식사 대접을 받았다.
왕실의 귀부인들은 삼나무로 아름답게 짠 칸막이 안에서 식사를 했다. 상에
는 아마 떡과 절인 생선, 해초, 나물(당근, 양파, 무, 가지 등) 따위의 음식이 차
려지고, 거기에 견과류와 석류와 오렌지 같은 과일들이 곁들여졌을 것이다.
대부분의 사람들은 식사를 하면서 쌀로 빚은 맑은 술을 반주로 마셨다.

그날 상류층 사람들은 푸짐하게 먹고, 음악을 듣고, 염불을 하고, 사자가
뛰놀고 나비와 새들이 춤추는 광경을 흥겨이 즐겼다. 경내에는 백단향 냄새

침상에 누워 있는 왕비의 모습. 초
기 일본 회화에 자주 등장하는 두
개의 짙은 눈썹 선과 고리 모양의
코 선이 두드러진 왕비의 분칠한
하얀 얼굴은 다층으로 이루어진
여러 벌의 옷들에 가려 잘 보이지
않는다. 기쇼라 불리는 장막이 사
람들의 시선으로부터 왕비의 모습
을 가려주기는 하나 군데군데 갈
라진 틈이 있어 그녀는 그 틈을 통
해 밖을 내다볼 수 있다. 서 있는
모습을 보이는 것은 숙녀답지 못
한 행동이었으므로 헤이안 시대의
여성들은 주로 앉아 있거나 누워
있는 모습으로 묘사되었다.

와 금은 향로에서 피어오르는 온갖 향냄새가 가득했다. 마지막으로 하객들은 갖가지 공물이 가득 들어찬, 붉은 옻칠을 한 함을 하나씩 선물로 받았다. 미치나가의 헌당식은 어느 한 참석자가 표현한 대로 '전례 없는 대단한 행사'요, 일대 장관이었다.

"그날은 시가 악운을 만난 날인 듯했다."

행사장에서 백성들이 태양 여신의 후예로 떠받드는 왕은 전례(典禮)에 따른 의무를 이행했고 직위에 상응하는 존경의 예를 받았지만, 모든 사람의 관심의 초점이 된 이는 바로 막강한 권력을 지닌 후지와라 미치나가였다. 이 무렵 그는 관직에 있지 않았지만 어떤 관리보다도 큰 영향력을 행사했다. 대부분의 귀족이 그의 덕에 관직을 얻었으며, 그 점은 왕과 왕세자(두 사람 다 미치나가의 외손이다), 두 대비와 왕비(미치나가의 딸들), 섭정(미치나가의 아들)도 마찬가지였다.

미치나가가 속한 후지와라 가문은 8세기 이래 일본의 정치권력을 장악했고 12세기 말까지 그 힘을 그대로 유지했으니, 이때가 바로 평화와 안정을 뜻하는 헤이안(平安) 시대였다. 후지와라 가의 사람들은 정사의 전권을 장악하여 모든 정책을 기획하고 시행했다. 그들은 또 정치적인 술수를 동원해 궁내의 관직을 독점했다. 그러나 군 통수권이나 아들을 왕으로 앉힐 권한을 획득함으로써 실질적인 후지와라 군주국을 세우는 정도에까지 이르지는 못했다. 그들의 권력은 주로 두 가지 중요한 요소, 곧 그들이 소유한 드넓은 옥답에서 얻은 부와 대대로 왕과 혼인한 딸들에게서 나왔다.

일본에서 쌀은 가장 중요한 산물이었다. 7세기에 걸쳐 여러 가지 정치적 변화를 겪는 동안 일본의 모든 논은 왕의 재산이 되었다. 농부들은 경작권을

부여받기는 했으나 그 권리를 얻는 대가로 많은 세금을 바쳐야 했다. 이 같은 체제가 자리 잡으면서 왕은 나라 전역에 걸친 권력을 장악할 수 있었다. 그러나 처음부터 일부 땅은 세금을 면제받았다. 왕은 일부만 또는 전액 세금을 면제받은 땅의 경작권을 후지와라 가의 사람들을 포함한 친척들과 여러 사찰에 나누어주었다. 세월이 흐르면서 많은 귀족 가문의 사람들이 점점 더 많은 토지를 얻었다. 10세기경 미치나가 가는 다른 어떤 가문보다 많은 논을 소유했으며 그 덕에 더 많은 권력을 누릴 수 있었다.

후지와라 가 사람들은 쌀로 얻은 부를 통해 궁 내에서 세력을 얻었으나, 그들을 권력의 정상에 올려주고 수백 년 동안 그 지위를 유지하게 해준 수단은 왕실과의 통혼이었다. 딸들이 대대로 왕과 혼인함으로써 후지와라 가문에서는 섭정직을 독점할 수 있었다. 그것은 딸들이 극히 중요한 역할을 담당한 독특한 세습 체제였다. 후지와라 가 사람들은 딸들을 왕과 혼인시킬 수 있는 권리를 대대로 상속받았고, 그 덕에 양순한 왕손들의 섭정이 될 수 있었다. 그 무렵의 왕들은 섭정이 마음먹기에 따라 자기가 퇴위할 수도 있다는 사실을 잘 알고 있었으므로, 대체로 무슨 일에서건 후지와라 가문에서 가장 영향력 있는 당파의 지도자가 지시하는 대로 움직였다.

후지와라 가 출신의 지도자들 가운데서 가장 걸출한 인물이었던 미치나가가 섭정직을 맡으면서 헤이안 시대는 절정에 이르렀다. 그 시대의 전형적인 특징은 풍요로움이었으며, 귀족들이 얻은 막대한 부는 우아한 취향을 통해서 드러났다. 귀족 계급의 개인에게 가치를 부여해주는 것은 경제적 부와 사회적 지위 그리고 예술적 감수성이었다. 헤이안 시대의 귀족들은 서로의 재주

헤이안 시대 귀족들은 삶의 모든 측면에서 아름다움과 시적인 분위기를 풍기려 노력했으며 전투용 안장(왼쪽 위)과 화장품 함(오른쪽 아래)을 만들 때도 역시 그러한 경향을 보였다. 장인들은 자신의 후원자들을 기쁘게 하기 위해 자기 작품에 시적인 이미지를 가미했고, 옻칠을 할 때 금가루를 섞는 등의 새로운 기법을 개발하여 예술적인 아름다움을 한층 더 빛나게 했다.

자개와 클로버는 안장의 검은 옻칠을 더욱 돋보이게 한다. 함에 보이는, 물 속에서 구르는 수레바퀴 문양은 헤이안 시대의 인기 있는 주제로 금가루와 자개와 귀금속 조각으로 표현했다.

를 시와 음악과 그림의 창작 능력, 놀이에서 드러나는 재치, 매끄러운 대화 구사 능력, 품위 있는 거동, 의상을 포함한 소유물의 우아함 등으로 가늠했다. 그 사회에서 특히 두 여성이 문학적 재능 덕에 역사에 길이 남을 명성을 얻었으니, 널리 칭송받는 소설 〈겐지 모노가타리(源氏物語)〉의 저자인 무라사키 시키부(紫式部)와 뛰어난 일기 작가 세이 쇼나곤(淸少納言)이 바로 그들이다. 세이는 〈마쿠라노소시(枕草子)〉에서 당대인들의 태도와 행위를 남다른 기지와 통찰력을 발휘하여 서술했다.

헤이안 시대 귀족들의 삶은 아름다운 교토를 주무대로 해서 펼쳐졌다. 그들은 교토 바깥의 지방들을 경멸했다. 그러나 세월이 흐르면서 권력의 중추는 교토 엘리트 층에서 지방으로 서서히 이동했다. 각 지방에서는 사무라이로 알려진 권력자들이나 무사들이 자신들의 권력 기반을 구축해갔고, 그 때문에 후지와라 미치나가가 이룩한 모든 것이 위협받고 있었다.

미치나가의 아버지 가네이에(兼家)는 후지와라 가 지도자들이 세운 전례에 따라 장녀를 왕과 결혼시키고, 차녀를 훗날 왕위에 오르는 왕세자와 결혼시켰다. 그후 6세 난 외손자 이치조(一條)가 왕위에 오르자 가네이에는 섭정이라는 막강한 지위를 얻었다. 그는 자기 아들들과 가까운 친척들을 고위관직에 등용하려 애썼다. 가네이에는 사망하기 직전인 990년에 장남에게 섭정직을 넘기고 그 자리에서 물러났다.

미치나가는 장남이 아니라, 가네이에가 사랑했던 세 아들 가운데 3남에 지나지 않았다. 한 당대인은 그를 "주도면밀하고 용감하며 신앙심이 깊은 사람"이라 평했다. 그는 뛰어난 판단력을 지녔고 자기 마음을 다스릴 줄 알았으며, 친구들과 추종자들의 뒤를 잘 돌봐줬고 다른 이들의 기분을 잘 헤아렸다. 젊은 시절에 그는 "무분별한 연애에 빠지는 것을 피했는데, 그것은 지나친 양심의 가책 때문이 아니라 쓸데없이 적을 만들거나 여인에게 괴로움을 안겨주고 싶지 않았기 때문"이었다.

애초에 사람들은 미치나가가 고위관직에 오를 가능성이 거의 없다고 여겼다. 그의 아버지는 그에게 그다지 높지 않은 관직을 내렸다. 그리고 그에게는 좀더 높은 지위에 오른 재주 있는 두 형이 있었다. 그의 형들이 자기네 아들들과 사위들의 뒤를 봐줄 터이므로 장차 조카들과 조카사위들마저 승진 대열에서 미치나가를 추월할 가능성이 있었다. 그러나 미치나가의 기민한 정치적 능력과 남다른 운이 결합하여 그를 정상의 자리로 끌어올렸다. 그와 당시의 불교도들은 그러한 운을 일러 카르마(karma)라 했다.

불교 교리에서는 개인의 운이 현생뿐만 아니라 전생에 일어난 사건들에 의해서 결정된다고 보았다. 그러므로 관직이 낮다거나 애인에게 버림받는 등의 일들은 전생에서 저지른 행위의 결과일 수 있었다. 당대 일본에서는 운에 대한 믿음이 광범위하게 퍼져 있었다. 세이 쇼나곤은 궁정의 귀부인들이 뻐꾸기를 보러 소풍을 나갔다가 놀랍게도 그 소풍에 관해 아무 시도 쓰지 못한 일을 두고 다소 흥겨운 투로 이렇게 적었다. "그날은 시가 악운을 만난 날인 듯했다."

미치나가는 여러 가지 면에서 아주 좋은 운을 타고 난 인물이었다. 995년경 교토에 천연두가 창궐하면서 미치나가의 큰형을 포함하여 궁정의 많은 관리가 사망했다. 둘째형도 같은 시기에 죽었는데, 그는 당뇨병으로 사망한 듯하다. 그러면서 미치나가에게는 일본의 최고 관직인 섭정에 오르는 길이 열렸다. 그러나 그에게는 한 명의 경쟁자가 있었으니, 그의 조카이자 전 섭정인 고레치카(伊周)였다. 불과 20세의 나이에 높은 관직에 오른 고레치카는 공석이 된 섭정 자리는 마땅히 자기 것이 되어야 한다고 믿었다.

여러 신앙의 조화로운 융화

12세기 초, 29세의 왕 호리카와(堀河)가 병석에 누워 죽어갈 때 그의 시종들은 왕의 목숨을 구하기 위해 여러 가지 영적인 방편을 동원했다. 두 명의 불교 승려가 별 도움이 되지 못하자, 시종들은 무당 한 사람을 불러와 병든 왕의 몸에서 사악한 귀신들을 쫓아냈다. 왕은 잠시 소생했으나 며칠 못 가 다시 병석에 누웠다. 그의 시종들은 12명의 불승들이 왕을 위해 기도하는 동안 여러 가지 불경을 열심히 읽었다. 절망에 빠진 왕은 마침내 신도(神道)의 태양 여신을 부르면서, "이세 신궁이 과인에게 도움이 될지도 모르노라" 하고 소리쳤다. 이 모든 노력에도 불구하고 끝내 왕은 죽고 말았다.

호리카와가 여러 종교 수행자의 도움을 요청한 것은 드문 일이 아니었다. 일본인들은 영적인 도움을 얻을 수 있는 것이라면 무엇이든 환영했다. 토착 신도이건, 불교와 도교와 유교처럼 외부에서 들어온 종교이건 가리지 않고 받아들였다. 사람들은 이 종교들과, 혼령, 귀신, 점과 관련된 다양한 믿음들을 쉽게 뒤섞었다.

애초에 일본인들의 영적인 삶을 지배했던 것은 신도였다. 초기에 일본인들은 바다, 산, 바위, 폭포 같은 모든 자연물이 자체의 생명력을 갖고 있다고 믿고 그것들을 가미(神)라 불렀다. 그리고 그들은 그 혼령들에게 감사와 헌신의 기도를 드렸으며, 그들의 은덕에 크게 의지했다. 사람들은 아름다운 자연환경에 자리잡은 소박한 야외 사

일본 남부 이세 만의 '혼인 바위들'은 한 신사(神社)로 들어가는 성스러운 대문 역할을 한다. 신사임을 표시하는 데 사용되는 굵은 새끼줄이 두 바위를 이어주고 있으며, 상징적인 대문은 '남편' 바위 꼭대기에 서 있다.

농부들이 해마다 열리는 여름 축제 동안 시골의 한 신사 밖에서 부채를 흔들고 북을 치면서 춤추고 있다. 농부들은 그렇게 춤을 추고 난 뒤 가을에 풍성한 곡식을 거두게 해달라는 뜻으로 가미에게 감사의 기도를 드렸다. 신사는 놀이와 여흥의 공간이자 의식과 기도의 공간이었다.

당에서 가미를 위한 제물을 바치고, 농사와 관련된 중요한 절기마다 축제를 열어 신들을 기쁘게 하려 애썼다.

불교는 6세기 중엽 중국과 백제를 거쳐서 일본에 들어올 때 이미 완성된 종교의 형태를 지녔다. 귀족들과 지식인들은 이내 불교에 끌렸다. 그들은 신도에서는 찾아볼 수 없는 불교의 정교한 의식(儀式)들과 짜임새 있는 수행 조직, 문자로 정착된 경전들, 미술 전통에 매력을 느꼈다. 불교의 영향 아래 신도는 자체의 가르침을 발전시키기 시작했다. 신도는 혼령들을 집대성해서 신들의 정교한 위계질서를 만들고 그 맨 위에 일본 왕가의 직계 조상인 태양 여신을 세웠다.

신도와 불교(불교는 지상에서의 삶이 고통으로 가득하다는 점을 강조했다)는 그 기본적인 관점이 아주 달랐지만 서로를 흡수·동화하면서 평화공존을 이룩했다. 두 종교 모두 살아 있는 모든 생명체는 성스럽다고 하는 믿음을 지녔다. 불교는 아시아에 널리 퍼져나가면서 현지의 전통들을 적절히 수용한 점에서 많은 융통성을 보여준 종교였다. 일본의 불교 신학자들은 가미와 불교의 신들을 짝지었으며, 각지의 절에서는 경내에 신사를 세웠다. 중세 일본에서는 불교가 널리 퍼져나갔지만 신도 신앙도 여전히 번성했다.

16세기의 두루마리 그림. 순례자들이 다리를 건너고 대문을 지나 이세 신궁(왼쪽 위) 안으로 들어가기에 앞서 강에서 몸과 마음을 정화하기 위한 목욕을 하고 있다. 태양 여신을 모시는 이 신사는 신도의 가장 성스러운 유적 가운데 하나이다.

종교의 혼합을 예증하는 14세기의 그림. 이 그림은 불교 승려의 모습을 한 채 염주와 지팡이를 든 신도의 전쟁 신 하치만의 모습을 보여주고 있다. 전설적인 대신(大臣) 다케슈치 스쿠네가 하치만의 발치에 앉아 있다.

풍류를 즐길 줄 아는 매력적인 젊은이로서 왕과 단둘이 앉아 밤새 문학 이야기를 할 수 있었던 고레치카는 자기 아버지가 병으로 사망하기 직전에 국사의 통제권을 장악했다. 그것은 과도기적인 상황이었지만 잘하면 앞으로 섭정이 되는 데 결정적인 도움이 될 수도 있었다. 하지만 고레치카는 몇몇 관리를 파직하고 바지와 사냥복의 길이를 규제하는 법령을 발포함으로써 일부 조신들의 눈에 거만한 사람으로 비쳤다. 그럼에도 불구하고 고레치카는 자기 누이이자 젊은 왕비 데이시의 총애를 받고 있었고, 이치조 왕 역시 그를 좋아해서 섭정 자리에 앉히고 싶어했다. 그러나 왕의 어머니이자 대비인 센시는 막내 오빠인 미치나가야말로 가문의 최고 연장자로서 전통에 따라 섭정직에 올라야 한다고 생각하여 그를 지지했다.

어느 날 대비는 고레치카가 "틈만 나면 이치조 왕 앞에서 자신과 미치나가를 헐뜯는다"는 보고를 받았다. 그것은 고레치카의 치명적인 실수였다. 센시는 궁 안에서 많은 이의 존경을 받고 어느 정도의 권력을 행사하던 인기 있는 여성이었다. 귀족 여성이 이런 지위를 누리는 경우는 드문 일이 아니었다. 그보다 신분이 낮은 여성이라 하더라도 귀족의 일원일 경우, 앞으로 지위 높은 이와 결혼할 가능성이 있고 가문의 지위와 부의 원천인 재산을 상속받을 수 있으므로 상당히 독자적인 지위와 많은 영향력을 가졌다. 그리하여 궁 안의 여성들은 종종 남편이나 아들에게

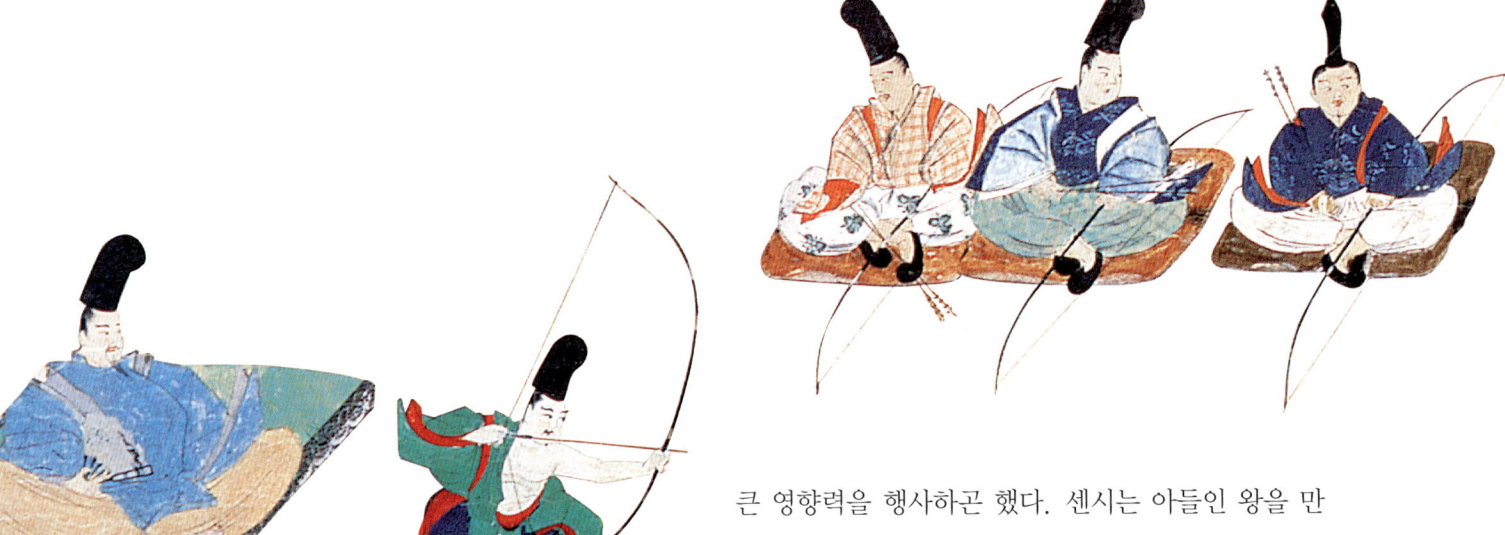

큰 영향력을 행사하곤 했다. 센시는 아들인 왕을 만
나기 위해 미치나가를 대동하고 왕의 숙소로 쳐들어갔
다. 센시는 미치나가를 대기실에 앉혀둔 채 내실로 들어갔
고, 미치나가는 초조하게 그녀를 기다렸다. 이윽고 대비는
의기양양한 미소를 머금은 채 대기실에 나타났다. 이렇게 해서
995년, 미치나가는 일본 최고의 관직에 올랐다.

여전히 야심을 버리지 못하고 지내던 고레치카는 아름다운 궁녀에게 빠진
나머지 급기야 몰락을 자초하고 말았다. 그 무렵 우연히도 전왕이
그 궁녀의 언니에게 관심을 갖게 되어 그 집에 자주 드나들기 시작했
다. 그런데 고레치카는 자기와 전왕이 같은 여인을 두고 사랑의 쟁탈전
을 벌인다고 오해하여 성급하게 일을 도모했다. 달 밝은 어느 날, 전왕이
총애하는 여인을 만나고 돌아오는 길에 고레치카를 따르던 한 무리의 사내들
이 그에게 일제히 화살을 날렸다. 전왕은 화살이 비 오듯 쏟아지는 와중에도
살아남았으며, 그로써 고레치카의 운명은 결정되었다. 미치나가와 이치조 왕
은 고레치카가 그 사건에 연루되었다는 사실을 밝
혀낸 뒤 그를 교토에서 몇 달간 추방하기로 결정
했다. 그 뒤로 미치나가에게 도전하는 이는 아
무도 없었다.

동료들과 구경꾼들이 지켜보는 가
운데 한 궁수가 화살을 날리기 전
에 과녁을 잘 겨냥하고 있다. 이런
경기들은 궁중생활의 무료함을 더
는 데 도움을 줬으며, 해마다 돌아
오는 종교적·세속적 의식들의 일
부를 이루었다.

미치나가가 일본의 최고 관직을 향해 부지런히 올라가고 있던 시기에 세이 쇼나곤은 데이시 왕비의 궁녀로 일했다. 세이는 궁정생활에 관한 '기묘한 사실들과 이야기들'을 기록하기 시작했으며, 이 이야기들은 훗날 한 권으로 모아져 〈마쿠라노소시〉라는 책으로 세상에 널리 알려졌다. 상류층 여성들 사이에서는 그런 독창적인 작업을 한 경우가 드물지 않았으며, 가나로 된 헤이안 시대 문학작품의 대부분은 바로 그런 여성들이 썼다. 남성들의 경우 시는 가나로 썼지만, 산문은 한문으로 쓰기를 좋아했다. 궁정생활을 예리하게 서술한 세이의 글은 많은 독자를 즐겁게 해주었다.

세이 쇼나곤이 궁으로 들어갈 즈음에는 귀족의 숫자가 크게 불어나 필요 이상으로 많은 관리들이 생겨났다. 그 결과 남자들은 할 일이 많지 않아 거의 여자들만큼이나 많은 여가 시간을 누렸다. 많은 남녀가 함께 어울려 경기나 소풍, 축제를 즐기고 연애를 했다. 세이 쇼나곤은 연애에 달통한데다 기지가 뛰어나고 시적인 재능까지 갖추어서 남자들에게 인기가 높았으며 구혼자도 많았다. 그녀는 비록 결혼을 하지는 않았으나 연애까지 삼가지는 않았다. 그렇게 했다가는 사람들에게 악귀에 홀린 여자로 의심받을 가능성이 있었다. 세이 쇼나곤은 기초(几帳)라는 '화려한 장막'을 사이에 두고 자기를 좋아하는 많은 남성과 이야기를 나누곤 했다. 기초는 불투명한 천으로 가려진, 높이가 1.8m가량 되고 폭은 종류에 따라 각기 다른 이동식 틀을 가리키는 말이다. 그것은 규방의 여인들을 가려주는 역할을 했다. 기초의 맞은편에 앉은 남자는 여자의 울긋불긋한 소매나 옷자락 외에는 거의 볼 수가 없었다. 여자가 남자를 장막 너머로 들어오게 하는 것은 육체관계의 허락을 뜻했다.

다른 형태의 도락도 있었다. 귀족들은 지방에서 올라온 거구의 청년들이 스모(相撲) 경기에서 기술을 뽐내는 광경을 즐겨 관람했다. 귀족들이 직접 가죽 공을 번갈아 차면서 땅에 떨어지지 않게 하는 경기를 즐기기도 했다. 기록에 남은 어느 경기에서는 경기자들이 260번이나 공을 찬 뒤에야 비로소 공이 땅에 떨어졌다고 한다. 경기자들은 정장을 하지는 않았지만, 평소처럼 우아한 비단옷을 걸치고 궁에 들어갈 때 쓰는, 옻칠을 한 빳빳한 관을 썼다.

한편, 여성들은 여름철이면 가모 강(賀茂川)에서 벌어지는 배들의 경주를 즐겨 관람했고, 겨울철이면 눈을 뭉쳐서 공을 만들거나 은빛 그릇을 만드는 등 다양한 놀이를 즐겼다.

집 안에서 즐기는 놀이로는 주사위놀이와 바둑이 있었는데, 바둑은 검은 돌과 흰 돌을 번갈아 판에 두면서 승부를 가리는 놀이이다. '랑고'로 알려진 또 다른 놀이는 여성들이 한 손가락에 최대한 많은 바둑돌을 올려놓는 것으로 겨루는 놀이이다. 귀족들은 특히 기술과 지혜를 구사하는 실내 놀이를 즐겼다. 집에서 키우는 아름다운 새들을 데려와 노랫소리와 깃털의 아름다움을 겨루는 경연도 있었다. 가끔 손님들이 여러 팀으로 나뉘어서 팀마다 돌아가며 수수께끼 문제를 하나씩 내면 다른 팀 사람들이 그 문제를 푸는 놀이도 있었다. 그 시대에는 시 쓰는 재능을 아주 높이 평가했으므로, 시작(詩作) 경연 때는 팽팽한 긴장감이 감돌기도 했다. 사람들은 또 자기네가 기르는 식물이나 자기네가 직접 제작한 그림, 향, 부채 등을 전시하기도 했다.

세이 쇼나곤이 기록한 바와 같이 궁정 사람들은 많은 축제와 의식을 치렀다. 그런 행사들에는 종교에서 유래한 것들도 있고, 민속 의식에서 유래한 것들도 있었다. 한해는 왕이 하늘의 축복을 기원하는 제례 의식으로 시작되었다. 의식이 끝난 뒤 왕은 특별한 음식들을 먹고 술을 마셨다. 일본에서 한해의 첫날은 유럽의 1월 15일과 2월 15일 사이의 어느 날인가에 해당했다. 서구에서 태양력을 사용하는 것과는 달리 일본에서는 열두 번에 걸친 달의 순환 주기에 맞춘 음력을 사용했으므로 그 날짜는 서양 달력과는 맞지 않았다. 따라서 음력으로 한해는 서양의 한해보다 11일가량 짧았고, 그 때문에 달력과 계절을 맞추기 위해 몇 년마다 한 번씩 윤달을 집어넣곤 했다.

세이 쇼나곤은 해마다 돌아오는 '보름' 명절을 즐겼다. 유서 깊은 민속 명절인 이날에는 특별히 만든 죽을 딱총나무 막대로 휘저은 뒤 사내아이를 낳고자 하는 여인을 때리는 데 그 막대를 사용했다. 세이 쇼나곤이 살았던 시대의 사람들에게는 그것이 하나의 오락거리가 되었던 듯하다. 세이 쇼나곤과 그녀의 친구들은 죽 막대를 들고 집 근처를 몰래 숨어 다니면서 불시에 다른 사람을 때리는 놀이를 했다. 세이는 그 놀이를 이렇게 서술했다. "각자는 다른 사람이 자기에게 몰래 다가오지 않나 보기 위해 계속 뒤를 살피곤 한다. 그러나 오래지 않아 누군가에게 얻어맞게 되므로 그렇게 조심해봤자 소용없다."

그녀가 언급한 또 다른 행사는 '뱀 축제'였다. 이날에는 정원을 흐르는 시내에 술잔을 띄워 보냈다. 시내에서 잔을 집어드는 손님들은 시 한 편씩을 지어야 했다. 한해의 마지막 날에는 귀신 쫓는 의식을 치렀다. 그때는 빨간 치마와 황금 마스크를 쓴 사람이 궁궐 안을 여러 바퀴 돌면서 악령들을 쫓기 위해 공중에 화살을 날려보냈다.

세이 쇼나곤과 당대 사람들은 이 세상에 수많은 망령과 귀신이 있으며 병은 악령에 사로잡혀서 생긴 것이라 여겼다. 그녀는 병든 한 소녀를 위해 치른 액막이 굿판을 지켜본 후에 이렇게 적었다. "무당은 악령을 보기 좋게 제압하여 살려달라고 애걸복걸하게 만들고는 완전히 쫓아버렸다." 사람들은 무당뿐만 아니라 점쟁이에게도 언제 일을 벌이고 언제 집에 있는 게 좋은가를 알아보기도 했다. 어떤 목적지까지 여행할 때 적당한 길을 선택하는 것이 중요한 문제가 되기도 했다. 그리고 때로는 멀리 돌아가는 길이 더 좋을 수도 있었다.

"왕비의 용모와 자태는 필설로 형언할 수 없으리 만치 아름다웠다."

세이 쇼나곤은 지적이고 친절하고 매력적인 데이시 왕비에게 금방 마음을 빼앗겨 사랑과 충성을 바쳤다. 그러나 후지와라 미치나가에게는 데이시가 왕에게 큰 영향력을 지닌 정적이었다. 미치나가는 데이시를, 그리고 데이시의 후원에 힘입어 언제고 궁에 복귀할지 모르는 고레치카를 제거하고 후지와라 가와 왕실의 결속을 한층 더 강화하기 위해 11세의 딸 쇼시를 이용했다. 미치나가는 쇼시를 왕의 후궁으로 들어앉히고 나서, 1년 뒤에는 둘째 왕비로 승격시킴으로써 젊은 왕에 대한 자신의 입지를 굳혔다.

쇼시 편에 치우친 사람으로 보이는 한 관찰자는 이렇게 전한다. "왕비의 용모와 자태는 필설로 형언할 수 없으리 만치 아름다웠다." 쇼시의 아름다움은 곧 그 목적을 이루었다. 쇼시가 어느 정도 나이가 들자 왕은 그녀를 자주 침전에 들였다. 20세가 채 되지 않은 왕은 농담조로 쇼시의 젊음이 자신을 당혹하게 한다면서 이렇게 말했다. "그대 곁에 있으면 나는 꼭 늙은이가 된 것 같은 기분이 든단 말이야."

데이시 왕비는 아이들을 데리고 친정으로 내려갔으며, 자신의 오빠인 고레치카가 자주 그 집에 들르곤 했다. 데이시의 유일한 아들이요 당시 아직 아

형식과 내용

헤이안 시대의 시에서는 종이, 먹, 필체, 글이 다 같이 중요했다. 1112년경에 만들어졌다고 알려진 〈불멸의 시인 36인의 명시선집〉에서보다 이런 점이 더 확연히 드러나는 경우는 달리 찾아보기 어렵다. 20명의 서예가들이 흐르는 듯한 가나체로 아름답게 쓴 38권의 시선집에는 총 6,438편의 시가 수록되어 있다. 시선집은 687종의 종이를 사용했고, 다양한 유형의 미술적 장식이 따라붙는다는 점에서도 돋보였다. 오른쪽 시의 콜라주는 찢거나 오린 5종의 종이를 붙여서 만들었다. 어떤 시에는 그림이 들어가기도 했는데, 그림이 꼭 시를 직접적으로 설명해주는 것은 아니었다.

여기 보이는 시화는 몇 가지 종이 색깔을 세련되게 조합하고, 숲이 우거진 산과 그 위로 날아가는 오리 떼의 모습을 그려넣음으로써 시에 어울리는 우울한 분위기를 빚어냈다. 한 유명한 시인은 이 시에서 옛 구혼자가 예전의 관계를 되살려내려는 것을 단념하게 하려는 다음과 내용을 표현했다. "저 새들은 지나간 세월을 / 떠올리는 법이 없다네 / 해변의 저 작은 새들은 / 설령 제자리에 머물러 있다 한들 / 어찌 새삼스레 돌아보겠는가?"

기였던 아쓰야스 왕자가 앞으로 왕이 될 가능성이 있었으므로 여전히 관직에 복귀할 희망을 버리지 않은 고레치카는 조카가 순조롭게 자라기만을 바랐다.

쇼시의 지위가 든든해지자 미치나가는 왕에게 데이시와 아이들을 궁으로 초대하시라 권하는 아량을 보일 수 있었다. 이치조 왕은 사랑하는 아내와 자식들을 다시 만난 것을 크게 기뻐했다. 그러나 데이시는 궁을 방문했다가 친정으로 돌아간 뒤 자신이 임신했다는 것을 알고 당황했다. 그녀는 궁에서 아득히 먼 곳에서 지낸 터라 고립무원의 처지에 빠진 느낌이었고, 아이를 가진 기쁨보다 왕비의 지위를 잃은 슬픔이 한층 더 컸다. 그녀는 가끔 "허공을 망연히 바라보면서 아련한 옛 추억에 깊이 빠져들었다"고 한다. 가끔 그녀는 슬픈 시들을 썼다. 다음에 소개하는 시는 그녀가 남편을 그리면서 쓴 것이다. "님께서 그날 / 밤새 되뇌었던 약속들을 / 아직 잊지 않으셨다면 / 님께서 흘리신 그 절절한 눈물 빛을 / 다시 보고 싶구나."

결국 데이시는 아이를 낳은 직후에 24세의 나이로 세상을 떴다. 고레치카는 그녀를 부둥켜안고 오열했다. 원래는 시신을 화장하는 것이 일반적인 관례였으나, 고레치카는 교토에 데이시의 묏자리를 마련하고 눈 내리는 날에 시신을 금박 입힌 관 속에 넣어 매장했다. 당대의 어느 사람의 기록에 의하면, 그날 밤 왕이 묘에 와서 "새벽녘까지 슬피 울며 문상했으며, 그 때문에 왕의 양소매는 싸늘한 눈물로 흠뻑 젖었다."

데이시 왕비는 그렇게 세상을 떴으나 미치나가의 딸 쇼시는 왕의 총애를 담뿍 받았고, 그에 따라 미치나가의 운도 기세 좋게 뻗어나갔다. 1008년, 쇼시와 그녀의 궁녀들은 쓰치미카도(土御門) 저택으로 옮겨갔고, 미치나가는 궁

중앙의 지붕 꼭대기에 서 있는 두 마리의 청동 새 이름을 따서 붙인 '봉황당'의 기와지붕이 연못 가장자리에 비친 광경. 1070년경에 후지와라 미치나가의 아들이자 후계자인 요리미치는 예전에 아버지가 취득한 땅에 헤이안 시대 건축의 걸작이라 할 만한 이 절을 지었다.

에 있지 않을 때면 대개 그곳에 머물렀다. 쇼시가 임신하여 부정을 타지 않도록 왕과 거처를 달리해야 했기 때문이다. 그 저택은 습기를 막기 위해 몇 척(尺) 높이의 나무 말뚝들이 떠받치고, 툇마루가 딸린 몇 채의 건물로 이루어졌다. 지붕으로 덮인 복도가 건물들을 직사각형 모양으로 연결하고, 건물들 주위에는 안마당과 정원이 잘 정돈되어 있었다. 작은 언덕들과 바위들을 적절히 배치해서 조경을 근사하게 해놓은 정원에는 잘 가꾼 온갖 종류의 꽃과 수목이 우거져 있었으며, 어떤 나무들은 절묘하게 구부러진 자태를 뽐냈다. 건물들 밑을 구불구불하게 휘돌아가는 시냇물이 인공 연못에 닿아 물을 대주었다.

모든 주요 건물에는 큰 방이 하나씩 있고, 필요할 때마다 방을 작게 나눠주는 칸막이들이 마련되어 있었다. 방은 여닫이문을 통해 드나들었다. 나무로 된 맨바닥 여기저기에는 짚으로 만든 돗자리나 방석이 놓여 있었다. 차분한 색조로 장식한 방에는 가구가 얼마 없었으나, 놓여 있는 것들은 대부분 뛰어난 예술품이었다. 백단나무 재질에 금박을 입히거나 자개로 상감 장식한 장롱. 최상급 화가들의 그림이 들어 있는 우아한 병풍. 따뜻한 열기가 전해지는 옻칠한 둥근 목화로.

주거 구역에서 좀 떨어진 곳에는 작은 오두막같이 생긴 변소가 있었으며, 두 개의 방이 딸린 목욕탕도 한 채 있었다. 목욕탕의 한 방에는 난로 위에 뜨거운 물이 설설 끓는 커다란 무쇠

34

책상 앞에 앉아 있는 무라사키 시키부의 모습을 묘사한, 1630년경에 제작된 부채 그림. 그녀는, "예쁘나 수줍어하며 사람들에게 모습을 보이기를 꺼려 하고 비사교적이고 옛날 얘기를 좋아하며… 사람들은 나를 이런 식으로 마뜩지 않게 이야기한다"고 썼다. 왕비를 모시는 궁녀였던 무라사키는 자기가 잘 알고 있는 궁중생활과 귀족들의 삶에 관한 지식을 활용하여 〈겐지 모노가타리〉라는 유명한 소설을 썼다.

솥이 걸려 있었다. 솥에서 나온 증기는 대나무 관을 따라 옆방으로 흘러들어가고, 옆방에서는 사람들이 알몸으로 바닥에 앉아 증기 목욕을 하거나, 뜨거운 물이 담긴 나무통 속에 들어가 앉아 있곤 했다. 넓은 땅이 딸린 그 저택은 왕비와 궁녀들에게 여러 가지 즐거움을 선사했다.

쇼시의 시중을 드는 궁녀들 중에는 무라사키 시키부도 있었다. 그녀는 뛰어난 시인들과 학자들을 배출한 집안 출신의 여성이었다. 그녀는 남편이 죽은 뒤 궁에 들어갔으며, 왕비의 시중을 들다 보면 외로움도 쉽게 잊을 수 있음을 알았다. 무라사키의 〈겐지 모노가타리(源氏物語)〉는 당시보다 75년 앞선 시대를 배경으로 하고 있으나, 이야기의 주인공인 '빛나는 왕자(겐지 왕자)'는 헤이안 시대의 가치관을 대변하는 인물로 미치나가와 고레치카를 결합시켜 창조해낸 인물이라고 한다.

어느 날 새벽, 무라사키는 휘장이 드리워지고 칸막이가 쳐진 궁녀들의 방 한 칸에서 잠을 자다가, 매일 새벽 네시를 알리는 징 소리가 나기도 전에 깨어났다. 그녀는 "천둥처럼 울리는 발소리"를 듣고 깨어났는데, 알고 보니 그것은 20명의 스님들이 정원의 시내 위에 걸쳐 있는 둥근 교각 위를 행진해오는 소리였다. 무라사키는 자신의 일기에 이렇게 적었다. "스님들이 서로에게 질세라 열심히 읊어대는 염불 소리는 사뭇 외경스러운 기분을 자아낸다." 그녀는 장상(帳牀)이라 부르는 자신의 침상에 웅크리고 누워 있었다. 그것은 가로 세로가 각각 1m에, 높이가 60cm가량이며, 다리가 9개 달린 검은 목조 평상으로 바닥에는 이불이 깔려 있었다. 침상의 네 귀퉁이에는 기둥이 하나씩 서 있고, 휘장이 네 기둥을 휘감고 있으며, 한 기둥에는 악령들을 쫓기 위한 두 개의 거울이 걸려 있었다.

마침내 무라사키는 몸을 일으켰다. 남녀 모두가 옷을 입고 잠자는 것이 관례화되어 있어, 그녀는 평소와 다름없이 옷을 걸치고 있었다. 그날 아침, 겨울밤에 사용하는 격자무늬 덧문은 윗부분을 들어 올린 상태에서 툇마루와 그 방을 가르는 1m 높이의 아랫부분만 남아 있었다. 위로 올린 덧문 자리에는 대나무 발을 드리웠는데, 무라사키는 발을 걷어올리고 "엷은 아침 안개"가 자욱한 밖을 내다봤다. 미치나가는 벌써 일어나 "하인들에게 시내의 흐름을 가로막는 오물들을 걷어내라고 지시하고 있었다." 무라사키가 깨어난 것을 눈치 챈 미치나가는 청신한 꽃 한 송이를 꺾어다 그녀의 방에 던지면서 물었다. "뭐라 대답할 테요?"

무라사키는 즉각 벼루 앞으로 가서 붓을 담그더니 다음과 같은 시를 써 내려갔다. "활짝 핀 / 사랑스러운 꽃을 보네 / 이슬이 그 아름다움을 알아보리라는 것을 / 나는 확실히 아네."

미치나가는 싱긋이 웃었다. "빠르군요, 그렇죠?" 그는 그렇게 말하고는 그녀의 붓을 빌려 다음과 같은 답시를 휘갈겨 썼다. "아침이슬은 / 알아보지 못한다네 / 청신한 꽃은 그저 / 제가 좋아하는 빛깔들을 / 띠고 있을 뿐이라네."

무라사키와 미치나가는 당대의 관례와 예절에 따라서 상대방의 시와 비슷한 흐름을 지닌 시로 재빨리 응답했다. 좋은 시를 단숨에 써내지 못한다면 사실상 말문이 막힌 것이나 다름없었다. 전형적인 단가(短歌) 혹은 와카(和歌)는 전체가 31음절로 이루어졌으며, 빛나는 재담을 사용하거나, 유명한 옛 시의 일부를 따오거나, 듣기 좋은 음이나 리듬을 사용하여 생각을 표현하고 의미를 암시하곤 했다.

무라사키는 미치나가의 시와 농담을 즐겼을지도 모른다. 그러나 그녀가 그의 다른 제의들을 어떻게 받아들였는지는 확실하지 않다. 어느 날 밤 그녀는 누군가가 덧문을 똑똑 두드리는 소리에 잠을 깼다. 한 귀족 방문객의 문 두드리는 소리. 무라사키는 "그대로 누운 채 아무 소리도 내지 않고 밤을 새웠다." 이튿날 아침 밤중에 찾아왔던 방문객인 미치나가는 그녀에게 다음과 같은 내용의 시 한 편을 건넸다. "밤새 뜸부기가 울듯이 그대 방 삼나무 문을 똑 똑 똑 두드리며 / 온밤을 지새운 남자의 심회는 어찌 그리 서글픈지."

그러자 그녀는 다음과 같은 시로 화답했다. "여인이 뜸부기의 울음소리에 응답했다면 한층 더 서글픈 일이 되었겠지요 / 밖에서 문을 두드린 새는 순수한 새가 아니었으니까요."

무라사키는 쓰치미카도 저택에 체류하는 동안 이러한 연애사건 외의 다른 일들도 기록했다. 어느 날 밤 그녀가 잠을 깨고 보니 주위에서 "사람들이 부산하게 움직이는 광경"이 보였다. 많은 궁녀들이 왕비의 침실 가구들을 다시 배열하느라 부지런히 움직였다. 궁녀들은 침실의 휘장과 방석과 돗자리 등을 온통 하얀색 일색의 새것들로 바꾸고 있었다. 쇼시의 진통이 시작되었다.

하얀 옷을 입은 궁녀들이 우르르 몰려와 그 방을 가득 채운 채 아기가 태어날 때를 기다렸다. 무당과 점쟁이들이 도착했고, 이미 와서 염불을 하는 스님들의 대열에 큰 절의 고승들도 합류했다. 왕비의 침상 바로 밖의 좁은 공간에는 궁녀들과 스님들이 빽빽하게 들어찼다. 무라사키는 이렇게 기록했다. "그 북새통 속에서 소매나 치맛자락이 떨어져나간 사람이 한둘이 아니었다."

그렇게 난리를 치면서 기다리는 동안 갑자기 "궁녀들이 왕비마마의 머리털을 밀기 시작하더니 마마에게 하늘에 서원하게 했다." 이것은 일이 잘못될 경우에 대비한 종교적인 예방조치였다. 이따금 한 번씩 스님들은 악령을 쫓기 위해 궁녀들의 머리에 쌀을 던졌고, 그렇게 해서 잠시나마 팽팽한 긴장이 누그러지곤 했다. 마침내 왕비는 아기를 낳았고, 스님들의 염불 소리는 최고조에 달했다. 미치나가는 궁에 사자를 보내 왕비가 왕의 둘째아들 아쓰히라를 순산했다고 기별했다. 훗날 그 아기가 자라 고이치조 왕이 되었다. 왕비의 어머니는 탯줄을 끊는 의식을 치렀다. 무라사키는 이렇게 적었다. "때는 이미 한낮이었으나, 우리는 모두 마치 구름 한 점 없는 하늘에 막 아침 해가

떠오른 것 같은 기분이었다."

　곧 첫 목욕 의식 같은 행사들이 며칠 동안 이어졌다. 첫 목욕 의식은 첫날 저녁 여섯시경에 본관 건물 마루에서 횃불을 밝히고 치렀다. 네 명의 서기관이 목욕통을 가져오고 하인들이 뜨거운 물이 든 단지들을 날라왔다. 그들이 단지를 궁녀들에게 넘기자, 궁녀들은 통 속에 뜨거운 물을 붓고 아기의 목욕 과정을 감독했다. 한 고승이 그 의식을 축복해주었다.

　미치나가는 목욕을 끝낸 아기를 안고 의기양양한 태도로 집 안에 들어갔다. 축하식과 그밖의 의식들은 여드레 동안 계속되었다. 미치나가는 사람들에게 옷가지, 금침(衾枕), 비단 두루마리 등을 선물했다. 한편, 미치나가는 왕

하녀들과 함께 하얀 분만복을 입은 한 산모가 아이가 태어나기를 기다리고 있다. 옆방에서는 두 명의 불교 승려와 산에서 내려온 한 수도사가 염불을 하고 있다. 밖에서는 무릎을 꿇은 한 스님과 두 명의 다른 남자가 기도를 올리고, 활을 든 한 사내가 부정한 기운을 쫓고 있다. 헤이안 시대 사람들은 출산 역시 삶의 다른 여러 측면들과 마찬가지로 대단히 중요한 의식으로 여겼다.

38

이 새로 태어난 아들을 처음으로 보러 올 때를 대비해 저택 안의 모든 것을 수리하고 반짝반짝 빛나게 했다. 정원도 새 단장을 했다. 그는 "희귀한 국화들을 찾아내 그곳에 옮겨 심게 하여" 정원의 꽃들을 빛깔에 따라 아름답게 배열해놓았다.

그런 모든 행사가 진행되는 동안에도 궁녀들은 여느 때와 마찬가지로 어떤 식으로든 자신을 드러내고 싶어서 옷차림이나 몸가짐에 신경을 썼다. 모두 다 하얀 빛깔의 수수한 옷을 입어야 했지만, 그래도 은실 같은 것으로 윗저고리 소매를 장식하고 치맛자락을 수놓았다. 무라사키가 말한 대로 소매나 치맛자락에 "진주를 박아넣는 우스꽝스러운 모습도" 연출했다. 어떤 이들은 부채에 그려진 문양에 은을 박아넣고, 머리꽂이와 하얀 리본으로 머리를 장식하기도 했다. 궁녀들은 자기네가 입고 있는 옷이 너무 수수해서 그런 식으로 뭔가 자신을 돋보이게 하는 빛깔을 가미하지 않고는 견딜 수 없는 듯했다. 무라사키는 여드레 동안 진행된 의식이 끝나갈 무렵을 서술하면서, 많은 여인들의 마음속에서 가장 중요한 것이 뭔가를 잊지 않고 명확하게 짚어냈다. "여드레째 되던 날 모든 궁녀들은 얼른 화려한 옷으로 갈아입었다."

미치나가는 데이시의 아들 대신 아기인 아쓰히라 왕자를 왕위 상속자로 만들었다. 그로써 조카를 통해 섭정이 되려 했던 고레치카의 꿈은 물거품이 되고 말았다. 그러나 또 다른 어려움들이 다가오고 있었다. 고레치카와 그의 지지자들이 쇼시 왕비와 미치나가, 그리고 새 왕자를 저주한다는 소문이 돌기 시작한 것이다. 이 시대의 일부 사람들은 미치나가 자신이 그런 소문을 퍼뜨렸다고 비난하는 글을 남기기도 했지만, 아무튼 고레치카는 그 일로 돌이킬 수 없는 화를 입었다. 그는 다시 궁에서 추방되었고, 얼마 지나지 않아 오욕 속에서 생을 마감했다.

미치나가는 가문의 지위를 더욱 더 강화하기 위해 장남인 요리미치(賴通)를 전왕의 손녀와 결혼시켰다. 일찍이 보기 힘든 성대한 결혼식이 거행되던 날,

아름다운 신부는 20명의 궁녀를 포함한 한 무리의 수행원들과 함께 식장에
도착했다. 이틀 밤이 지난 뒤 신혼부부는 '셋째날 밤'이라는 유서 깊은 의식
을 치렀다. 신랑과 신부는 신부 집에 가서 휘장이 드리워진 침대에 웅크리고
누워 신부의 어머니가 오기를 기다렸다. 이윽고 때가 되자 신부의 어머니가
나타나 휘장을 걷어버리고는 두 연인을 '발견했다.' 장모는 요리미치에게 그
집 주방에서 만든 떡 세 조각을 먹으라고 일렀다. 그것은 그가 이제 그 가문
의 일원이 되었음을 상징했다. 신랑은 떡을 먹은 뒤, 새 친척들이 준 옷을 입
고 처갓집 식구와 친지들이 모두 모인 성대한 잔치에 참석했다.

　　장남을 공주와 결혼시키고 딸 쇼시를 왕비 자리에 들어앉히는 데 성공한
미치나가는 가문의 지위를 더욱 공고히 하기 위해 둘째딸 겐시를 현재의 왕
세자요 아쓰히라보다 먼저 왕위에 오를 조카와 결혼시켰다. 1011년, 이치조
왕이 퇴위하고 왕세자가 산조(三條) 왕으로서 옥좌에 올랐다. 그러면서 겐시
는 왕비가 되었고, 어린 아쓰히라는 왕세자가 되었다.

　　그러나 나이가 30대 중반에 이른 산조는 미치나가가 쉽게 조종할 수 있는
인물이 아니어서, 새 왕과 미치나가는 4년간에 걸쳐 치열한 권력투쟁을 벌였
다. 그러다 마침내 산조의 시력이 나빠진 것을 좋은 기회로 삼아 미치나가는
왕에게 퇴위할 것을 종용했다. 그렇게 해서 미치나가의 손자가 고이치조 왕
으로서 옥좌에 올랐다. 미치나가는 셋째딸 이시를 그녀의 조카인 새 왕과 결
혼시켰다. 이 모든 성공에 의기양양해진 미치나가는 이렇게 썼다.

　　보름달은 영원히 이울지 않으리라,
　　이 세상은 진정 나만의 것이로다.

　　같은 해에 미치나가는 섭정직을 아들 요리미치에게 넘겨주고 은퇴하여 승
려가 되었다. 전왕들이나 고위관리들도 종종 불가에 귀의하곤 했다. 그렇다

고 꼭 절에 들어가는 것은 아니어서, 일부 사람들은 교토에 남아 활발하게 사교생활을 했다. 권력과 영향력도 예전보다 줄어들지 않았다. 요리미치는 50년 동안이나 섭정 자리를 지켰지만, 미치나가가 살아 있는 한 일본의 실질적인 통치권자는 미치나가였다.

미치나가는 후지와라 가문을 위해 가장 높은 관직을 차지했으며, 그 유산을 대대로 후손들에게 물려주고자 했다. 그러나 귀족들의 부의 원천이 된 왕의 토지독점권 체제가 쇠퇴하면서 헤이안 왕실과 후지와라 가문의 섭정 독점 체제는 곧 흔들릴 위험에 처했다.

10세기 말경 후지와라 가처럼 막강한 가문들은 자기들이 보유한 토지를 '쇼엔(莊園)'이라 부르는 드넓은 땅으로 확장해나갔으며, 그 상당수는 국가의 간섭을 전혀 받지 않는 독자적인 지위를 누렸다. 고위관리들은 많은 소작농들이 땅을 경작해준 덕분에 유족한 생활을 꾸려갈 수 있었으나 세금은 한 푼도 내지 않았으며, 나라에서는 그들의 토지 운영권에 아무 제한도 가하지 않았다. 그 결과 왕실의 재정은 점차 줄어들고, 백성들에 대한 법적인 통제권도 약화되었다. 따라서 국가의 고위관리들은 자기네의 지배권을 보장해준 정부권력을 무너뜨리는 데 일조한 셈이 되었다.

명문 귀족들은 아름다운 수도에 편안하게 살면서 자기네 생활을 뒷받침해주는 지방의 토지에는 좀처럼 들르지 않았다. 노동을 통해 자기네의 사치스러운 생활을 뒷받침해준 사람들에 대해서는 거의 아는 바가 없었고 또 알려고도 하지 않았다. 지방 사람들의 삶은 수도에 사는 귀족들의 우아하고 유족한 삶과 극심한 대조를 이뤘다. 사람들은 늪지나 삼각주에서 숲과 고원지대에 이르기까지 어느 곳에서나 벼농사를 지었다. 일본 인구의 대다수를 차지한 것은 문맹인 농민들이었으며, 그들은 논에서 힘겹게 일하다가 저녁이 되면 허름한 나무 오두막으로 돌아갔다. 그들은 그런 집에서 자기네가 수확한 곡식의 일부를 먹고살았다. 그들은 농경지로 둘러싸인 작은 마을에서 살았으며, 마을에는 적어도 절이 하나씩 있었다.

마을 사람들의 옷은 수수해서 여자들은 기모노(着物)의 초기 형태라 할 수 있는 고소데(小袖)를 입었는데, 여름철이면 종종 그것 하나만 걸치고 지냈으며, 남자들은 겉옷 상의와 바지를 입었다. 여름철이면 여자들도 남자처럼 바지를 입고 일하러 나갔다. 겨울철이면 사람들은 겉옷 위에 헐거운 외투를 걸쳤으며, 추운 지역에서는 두건 달린 외투를 입었다. 그들은 식물성 염료를 사용하여 옷을 남색, 보라색, 짙은 붉은색 등으로 물들여 입었다. 남녀 모두 맨발에 나막신이나 짚신을 신었고, 눈이 많이 오는 지역에서는 짚으로 엮어 만든 장화를 신었다.

지방에서는 산적들이 사람들의 생명과 재산을 위협했고, 작은 땅뙈기를 경작하는 농민들은 종종 더 넓은 땅을 소유한 이들에게 보호를 요청해야만 했

한 농가의 문지방에서 두 여자가 수다를 떨고 옆방에서 가족이 그 광경을 바라보고 있다. 거기서 조금 떨어진 곳에는 여자들이 물을 긷고, 세탁을 하기 위해 빨랫감을 발로 밟고, 채소밭을 돌보고 있다. 헤이안 시대의 농부들은 왕이 내린 엄격한 칙령들과 아울러 과중한 세금 부담 등으로 빈곤에 허덕였다.

다. 그런 소농들은 자기네 땅을 대지주에게 맡기는 대신 보호를 받고 나라의 세금을 면제받는 혜택을 누렸다. 소농들은 자기 땅에서 계속 벼농사를 지었으며, 그 땅에서 거둔 수확량의 일부를 주군에 해당하는 대지주에게 바쳤다. 대지주인 지방 호족들은 그런 방식으로, 그리고 논이 아닌 땅까지 새로 개간해서 쌀을 생산함으로써 영지를 계속 늘려나갔다. 호족들은 자기네가 보유한 쇼엔의 숫자와 크기가 점차 불어나자, 그 땅과 거기에 사는 이들을 보호하기 위해 무사들을 고용해야만 했다. 그런 상황에서 사무라이라 부르는 전문 무사계급이 빠르게 성장했다. 이 무사들은 토지 소유자들을 위해 일하는 한편으로 스스로의 명예를 위해, 그리고 가문의 힘을 확대하기 위해 전투에 참여했다.

이러한 무사 집단의 지도자들은 교토에서 관리생활을 하다가 지방에 정착한 사람이나 귀족 집안의 차남인 경우가 많았다. 11세기 말경 이 무사들의

대부분은 막강한 두 무사 가문 밑으로 들어갔으니, 바로 겐지라고도 하는 미나모토(源) 가와 헤이케라고도 하는 다이라(平) 가였다. 두 가문 모두 왕가의 후예들이라 주장했다. 두 가문은 자기네 땅을 보호하고 교토 정부가 부과하는 세금을 피하자는 공통된 이해관계를 가졌으면서도 지방의 권력을 장악하기 위해 서로 경쟁했다.

12세기경 후지와라 가는 왕권을 자식에게 물려주기는 했으나, 독자적인 왕궁을 갖고 있던 은퇴한 왕들에게서 계속 도전을 받았고 권세를 유지하기 위해 안간힘을 쓰고 있었다. 전왕들은 공직에서 '은퇴했다'고 주장한 덕에 의식을 치를 의무들을 면제받았고, 대개 아들이나 손자인 현왕을 뒤에서 적절히 조종하여 권력을 유지할 수 있었다. 그런 과정에서 은퇴한 왕들은 후지

전생에 과도하게 향락에 탐닉한 죄로 벌을 받고 있는 걸귀들(아래)이 사람들 주위를 떠돌고 있다. 이 사람들은 절 문(맞은편 그림) 앞에 모인 인파에 합류하기에 앞서 오래된 기념비에 제주를 붓고 있다. 헤이안 시대가 끝나갈 무렵에는 이런 음산한 그림들이 많이 나타났다.

와라 가의 섭정들과 치열한 권력투쟁을 벌였다.

　1156년 후지와라 가의 한 지도자가 전왕의 한 아들과 동맹을 맺고 새로 등극한 왕에게 도전했다. 그러자 새 왕은 자신의 지위를 지키기 위해 미나모토 가문의 지도자인 요시토모(義朝)와 다이라 가문의 지도자인 기요모리(清盛)의 후원을 얻었다. 결국 새 왕이 승리함으로써 후지와라 가의 시대는 종말을 고했으나, 그것을 계기로 여러 가지 사건이 연이어 일어나 왕의 통치권은 약화되었다. 다이라 가와 미나모토 가의 지도자들이 무력을 이용해서 왕권을 조종할 수 있다는 사실을 깨달으면서 그들의 짧은 합작은 끝이 났다. 1160년에 짧으면서도 격렬한 싸움이 벌어진 뒤, 미나모토 가의 지도자 요시토모는 부득이 물러설 수밖에 없었다. 그후 그는 자기편의 누군가가 배신하는 바람에 살해당하고 말았다.

기요모리가 권좌에 오르는 과정을 둘러싸고 많은 전설이 생겨난다. 기요모리가 옛 적인 요시토모의 아내이자 한 아들의 어머니인 아름다운 도키와하고 사랑에 빠졌다는 이야기도 그중의 하나이다. 그 전설에 의하면 도키와는 기요모리의 애인이 되어주는 대신 자신의 어린 아들인 요시쓰네(義經)의 목숨을 살려달라고 요구했고, 기요모리는 그 요구조건을 받아들였다고 한다. 그렇게 해서 그 아들은 몇 년간 어머니와 함께 있다가, 그후 북쪽에 있는 한 절로 유배당했다. 기요모리가 목숨을 살려준 요시토모의 또 다른 아들 하나가 있었으니 그가 바로 요리토모였는데, 그는 일본 동부 지방으로 유배당했다. 기요모리는 본인의 성격에 어울리지 않는 자비를 베풀었다가 훗날 혹독한 대가를 치른다.

아무튼 이때 기요모리는 일본의 실질적인 통치자가 되었다. 그는 지방에서 벌어진 여러 차례의 싸움에서 별다른 피해를 입지 않은 채 여전히 나라를 다스리던 후지와라 가 출신의 여러 장관을 굳이 갈아야 할 필요성을 느끼지 못했다. 그러나 이제는 다이라 가 사람들도 교토 중앙정부와 지방의 중요한 관직들을 차지했다.

기요모리는 후지와라 가 사람들이 그랬던 것처럼 왕을 이름뿐인 주권자로만 취급했다. 그는 자기 딸 가운데 한 명을 왕과 결혼시켰다. 나중에 그는 사위인 왕을 퇴위시키고 자신의 어린 외손자 안토쿠(安德)를 그 자리에 앉혔다. 도쿄를 완전히 장악한 다이라 가 사람들은 오만해졌고, 그 때문에 교토 곳곳에서는 "다이라 가 사람이 아니면 사람 축에도 들지 못한다!"는 말이 공공연히 나돌았다.

그러나 결국 그들도 과거 권력자들과 똑같은 잘못을 범했다. 다이라 가의 귀족들은 교토 생활에 푹 빠져서 지냈다. 그 동안 지방에서는 소년이었을 때 기요모리가 목숨을 살려줬던 요리토모 주위로 미나모토 가 사람들이 다시 모여들었다. 요리토모 측 무사들은 다이라 가의 거점들에 도전하기 시작했다.

1181년, 기요모리가 고령으로 사망했다. 그로부터 2년 뒤 요리토모의 사촌인 요시나카(義仲)가 이끄는 미나모토 군이 교토에 육박하자 다이라 가 사람들은 부득이 수도를 버리고 달아났다. 그러나 다이라 가 사람들은 후퇴하면서 안토쿠 왕도 함께 데려갔다. 안토쿠는 아직 어린애에 불과했지만 국가의 상징이라는 의미를 지닌 중요한 인물이어서, 지리멸렬해진 채 달아나는 다이라 가 사람들에게 정통성을 부여하는 역할을 했다.

그러자 전 왕이 그 북새통에 끼어들어 요시나카와 손을 잡고 여전히 미나모토 가의 수장인 요리토모 세력을 무너뜨리려 했다. 그 동안 요리토모는 가마쿠라(鎌倉)에 거점을 확보해놓았다. 그곳은 교토에서 500km가량 떨어져 있었고, 당시 그 정도 거리를 가려면 약 2주일이 걸렸다. 그는 미나모토 가의 모든 사람에게, 자기한테 충성할 것이며 교토 왕궁에서 내려오는 지시는 일절 받지 말라고 명령했다. 요리토모는 요시나카의 위협에서 벗어나기 위해 오래 전부터 다이라 가 사람들과 싸워왔던 자신의 이복동생 요시쓰네에게 도움을 요청했다.

요시쓰네는 뛰어난 무장이어서 일본 민중의 영웅이 된 사람이었다. 그는 가냘픈 몸매를 지녔기에, 사람들이 볼 때 아무리 잘 싸워도 이길 것 같지 않은 패배자의 전형처럼 보였다. 일설에 의하면, 그는 아기였을 때 절로 유배당한 뒤 근처 숲에 살고 있는, 코가 긴 도깨비한테서 검술을 배웠다고 전해진다. 그리고 그는 자기가 어떤 사람인지 알지 못하고 있다가, 어느 날 우연히 미나모토 가의 족보를 보고 진상을 알게 된 뒤 자나 깨나 아버지의 원한을 갚을 날만을 기다렸다고 한다.

요시쓰네는 요시나카 군을 교토에서 몰아냈다. 요시나카는 얼마 남지 않은 지지자들을 이끌고 달아나다가 살해당하고 말았다. 요시쓰네는 영웅적인 전투를 거듭 치러내면서 진군한 끝에 마침내 다이라 군을 규슈에서 조금 떨어진 바다로 내몰았다. 요시쓰네는 많은 배를 징발하여 다이라 군 함대를 뒤쫓

았다. 이어 벌어진 해전에서 젊은 왕 안토쿠를 비롯하여 충직한 다이라 군의
상당수가 물에 빠져 목숨을 잃었다.

　살해당한 안토쿠 왕의 이복형제인 새 왕은 즉각 요시쓰네를 크게 칭송했
다. 심지어는 최고사령관 요리토모 앞에서조차도 말이다. 요리토모는 카리스
마가 넘치는 이복동생에게 왕과 백성들의 인심이 한꺼번에 쏠리는 것을 보고
적잖이 놀랐다. 그로서는 새 정부를 안정시켜야 하는 상황에서 정적(政敵)이
생기는 것을 원치 않았다. 그리하여 요리토모는 요시쓰네가 몇 명의 전쟁포

로를 인계하기 위해 가마쿠라에 도착했을 때 그를 만나주지 않았다. 요시쓰네는 이 복형의 마음을 움직이기 위해 절절한 탄원서를 썼으나 그는 그것조차도 받아주지 않았다. 졸지에 도망자 신세가 되어버린 요시쓰네는 요리토모 군에게 무자비하게 쫓기다가 결국은 처자식과 더불어 자결하고 말았다.

이제 요리토모에게는 적이 될 만한 인물이 아무도 없었다. 그럼에도 그는 사람들에게 냉혹하고 무자비한 지도자로 비쳤다. 어느 날 한 사람이 요리토모에 대한 반역음모를 꾸민 자기 주군의 목을 들고 나타났을 때, 요리토모의 신하들은 요리

1160년 미나모토 요시토모의 반란군이 다이라 가 사람들과 그 지도자인 기요모리를 포함한 왕당파를 제거하기 위해 거병했을 때 교토 왕궁이 불타는 광경. 반란군이 왕을 납치하기는 했으나 결국 왕은 탈출하고 요시토모는 살해당했다.

그후 기요모리는 20여 년 간 나라를 다스렸지만, 결국 1185년에 미나모토 가가 다이라 가를 제압했다. 오른쪽에 예복을 입은 모습으로 등장하는 미나모토 가의 무자비한 지도자 요리토모는 교토 왕궁을 중심으로 한 400년 헤이안 시대에 종지부를 찍고 일본의 쇼군이 되었다.

토모의 냉혹한 태도를 보고 전율을 금치 못했다. 요리토모가 자기 주군을 배신한 사람은 믿을 수 없다는 이유로 그 사람의 목을 치게 했기 때문이다.

요리토모는 교토의 타락한 분위기에서 멀리 떨어진, 가마쿠라에 있는 자신의 성채에서 '천막 정부'를 뜻하는 자신의 바쿠후(幕府)를 세웠다. 거기서 그는 과거의 정권들이 소홀히 했던 지방세력들을 다스렸다. 다른 모든 영주들은 그에게 절대 복종을 해야 했으며, 필요할 때마다 그의 정부를 위해 일해야 했다. 그들은 정기적으로 쌀을 바치는 것 외에도, 그가 건축사업을 벌일 때면 목재를 바쳐야 했으며, 그의 기마부대에 말을 기부하고 그가 여행할 때면 수행원들을 보내야 했다.

그는 자신의 든든한 군사력을 바탕으로 가마쿠라에 가만히 앉아 교토에 있는 왕실 정부에 일일이 행동방침을 하달할 수 있었다. 교토 정부는 군사력을 거의 갖고 있지 못해 감히 그에게 맞설 엄두를 내지 못했다. 그는 왕으로 하여금 모든 영지에서 나오는 부를 효율적으로 관리하는 토지 관리인과 집사에 대한 임명권을 자신에게 넘기게 했다. 요리토모는 이런 권한에 힘입어 일본 전역의 민정(民政)을 장악했으며, 효율적인 관료제를 발전시킴으로써 자신의 통치력을 강화했다. 또한 행정회의와 사법체제, 군사업무를 관장하는 행정관 한 명을 포함한 가마쿠라 정부를 발족시켰다. 그가 임명한 재판관들은 영주들 사이의 분쟁을 효율적이고 공정하게 해결했으며, 그러는 과정에서 사람이 죽는 경우는 놀라울 만큼 드물었다. 일본의 가장 막강한 지도자였던 그는 '야만인들을 정벌하는 최고사령관'을 뜻하는 세이이타이쇼군(征夷大將軍), 좀 더 간단하게 줄여서 쇼군이 되었다.

스파르타식의 바쿠후 정부는 교토 귀족들의 전형적인 특징인 허례허식을 멀리했다. 그러나 요리토모는 화려한 겉치레를 싫어했음에도 불구하고 여행할 때만은 격식을 갖췄다. 한 당대인은 그가 교토에 입성할 때의 광경을 이렇게 서술했다. "700명이 넘는 기병들이 그의 앞에서 행렬을 선도했고, 그의 뒤에는 다시 300명이 넘는 수행원들이 따랐다. 군청색, 하늘색, 붉은색의 세 가지 색깔로 이루어진 빛나는 예복에, 사슴가죽으로 만든 앞치마를 두르고 검은 말을 타고 나아가는 그의 모습은 아주 늠름하고 당당해 보였다."

요리토모의 통치는 1199년 그가 말에서 떨어져 사망하면서 갑작스럽게 끝나고 말았다. 전설에 의하면, 그는 자신의 이복형제인 요시쓰네의 유령에 홀려서 낙마했다고 한다. 그가 이룩한 정치적 안정은 오래가지 못했다. 그가 죽은 뒤 18세 난 아들이 쇼군이 되었으나, 이 청년은 얼마 지나지 않아 권좌에서 밀려났다가 외가인 호조(北條)가 사람들에게 살해당했다. 둘째아들이 다시 쇼군이 되었으나 그 역시 암살당하는 운명을 면치 못했다. 그렇게 해서 쇼군의 권력은 호조 가 출신의 한 쇼군 섭정의 수중에 들어가고 말았다. 그렇게 해서 호조 가 사람들은 예전에 후지와라 가 사람들이 그랬던 것처럼 나이 어린 쇼군들을 조종하면서 나라의 권력을 마음대로 휘둘렀다.

쇼군들은 교토의 품위 있고 우아한 생활에 강한 매력을 느꼈고, 그렇게 해서 결국은 그들도 궁정 모임을 만들었다. 그 결과 가마쿠라의 검소한 생활 기풍은 점차 사라져갔다. 그리고 교토 정부에서 바쿠후 정권에 도전할 만한 군사력을 키우고, 다른 여러 무사 집단들도 저마다 세력을 확장하면서 바쿠후의 권위마저 실추되어갔다. 그로부터 100년 뒤 일본은 다시 음모와 무력 투쟁의 소용돌이 속에 휘말려들어갔다.

ESSAY _ 1 | 헤이안 시대의 구애와 결혼

후지와라 가 사람들이 자기네 딸들을 왕과 결혼시킴으로써 권력을 얻은 것과 마찬가지로, 교토 조신들의 자제들은 결혼동맹을 통해서 부와 권력, 정치적인 이득을 얻을 수 있었다. 결혼할 때 규수는 재산을 지참금으로 갖고 왔고, 규수의 아버지는 종종 사위가 출세하는 데 큰 역할을 했다.

헤이안 시대 남자들의 상당수는 아내를 한 명만 뒀으나, 남자가 몇 명의 아내나 연인을 두는 경우도 드물지 않았다. 당대 사회는 남자가 본처뿐만 아니라 두 번째 아내와 첩을 두고, 또 가끔 바람을 피우는 것을 용인해줬다. 그러나 상황에 따라서 이 구분법도 변할 수 있었다. 곧, 부모의 주선으로 결혼한 규수가 대개 본처가 되지만, 두 번째 아내나 세 번째 아내도 본처가 될 수 있었다. 가끔 어느 아들이 아버지의 상속자가 되느냐에 따라 본처의 지위가 결정되기도 했다.

궁녀 출신으로 고전 〈겐지 모노가타리〉를 쓴 무라사키 시키부는 헤이안 시대의 구애와 결혼을 로맨틱하게 묘사했다. 이 페이지와 다음 페이지에서 소개하는 12세기의 두루마리 그림들은 당대의 로맨스와 관련된 여러 장면을 통해서 그러한 관계들에 따르는 질투심과 슬픔을 잘 드러내고 있다.

한 남편이 다른 아내를 얻은 사실을 아내에게 들킨 뒤 현악기를 연주해서 아내를 달래려 하고 있다. 헤이안 시대의 일본에서는 남자들이 여러 명의 아내를 얻는 바람에 여인들이 질투심에 사로잡히는 일이 잦았고, 이혼하기도 쉬웠으며, 아내와 남편 모두 상대편 모르게 바람을 피우곤 했다.

두 귀족 여인이 상류층 여성들에게 인기 있는 로맨틱한 소설 한 편에 나오는 삽화를 들여다보고 있다. 한 시녀는 소설을 낭독하고, 또 한 시녀는 마님의 새로 감은 머리를 빗질하고 있다. 읽고 쓸 줄 아는 능력, 음악과 서예의 재능은 여성의 지위를 높이고 남성을 매혹했다.

연인 한 쌍이 여인의 정절을 보호하기 위한 비단 장막을 사이에 두고 세 밤이나 밀어를 나눈 뒤 낮 시간에 첫 대면을 하고 있다.

"우선 서예를 공부해야 한다. 다음에는 7현금을 잘 배워 누구보다도 잘 연주할 줄 알아야 한다. 또 〈고킨슈(古今和歌集)〉 20권에 나오는 모든 시를 다 외워야 한다."

장막 뒤에서의 구애

헤이안 시대에 아내이건 첩이건 남성이 여성에게 구애하는 방식은 일정한 유형으로 지속되었다. 매파나 친구를 통해서 구애를 하는 것이 가능하다는 귀띔을 받은 구혼자는 우선 문제의 규수에게 감상적인 시를 보내 관심을 갖고 있다는 사실을 고백한다. 규수가 답장을 보내면, 남자는 그 필체와 시 쓰는 재주를 잘 살핀다. 많은 사람이 길고 풍성한 머리를 미의 기준으로 삼았지만, 여인의 필체나 말주변이 남자의 마음을 사로잡는 경우도 적지 않았다.

규수가 남자의 구애를 받아들일 마음이 있고 남자도 규수에게 끌리면, 남자는 규수의 부모에게 미리 허락을 구하고 찾아간다. 그들의 만남은 밤에 장막을 사이에 두고 이루어진다. 사회적 관례와 규수의 부모가 완전히 허락해준 상황에서 그들의 사랑의 모험은 날이 밝기 직전까지 계속된다. 남자가 규수를 다시 만나볼 의향이 있을 경우에는 급히 집으로 돌아가 '다음날 아침' 편지를 써서 보내는데, 이것은 만사가 순조롭다는 것을 뜻한다. 규수가 마음이 내키지 않을 경우 완곡한 희롱의 말로 남자를 퇴짜 놓을 수 있다. 그러나 서로 마음에 들 경우 남자는 세 번까지 규수의 집을 찾아간다. 세 번째 방문은 마음을 허락한다는 신호로 간주되며, 그 다음부터 구혼자는 새벽이 지나서도 규수의 집에 머물 수 있다.

한 왕이 딸들 가운데 한 명과 결혼시키기에
적당하다고 여겨지는 청년과 바둑을 두고 있다.
왕은 부러 그 판을 저준 뒤 청년을 정원으로 데리고 나가서
그 상으로 자기 딸 한 명을 주겠다는 뜻을 밝힌다.
"내, 자네에게 꽃을 꺾을 권리를 주겠네.
자네 마음에 드는 꽃을 한 송이 고르도록 하게."

| 결혼

　구애는 당사자들의 마음이 움직이느냐의 여부에 달린 문제이겠지만, 헤이안 시대의 귀족들 사이에서는 대체로 중매결혼이 성행했다. 대개 신랑 집에서 자기네와 지위가 비슷하거나 더 높은 집안의 적당한 규수를 골라서 자기 아들과 결혼시켰다. 그러나 왕의 딸들의 경우에는 그와 정반대로 왕가에서 신랑감을 골랐다. 그런 경우 신랑감이 현재 갖고 있는 사회적 지위보다는 그의 정치적·사회적 장래성을 더 높이 쳤다. 이러한 중매결혼은 대체로 신랑과 신부가 10대 초반일 때 이루어졌다.

　아직 어린 신랑신부는 집안일을 운영해나갈 능력이 없으므로 처갓집에서 살았다. 그러나 부부가 나이 든 뒤에도 계속 처가에서 사는 경우가 많았다. 헤이안 시대에는 집에 대한 소유권이 어머니로부터 딸에게로 이어졌으며, 남편이 자신과 아내를 위해서 따로 집을 짓더라도 그 집의 소유권은 아내가 가졌다.

　여성들에게는 재산의 소유권을 갖는다는 것이 중요한 의미를 띠었다. 재산이 있는 여성은 결혼할 때 유리한 조건을 점할 뿐만 아니라, 훗날 남편과 사별하거나 이혼하는 경우 자신과 자식들의 안전을 보장받을 수 있었다.

왕은 혼기에 이른 딸들에게 넌지시 말했다.
"내가 너기에 걸 것이 있긴 한데
그걸 걸 용기가 있을지 모르겠구나."

"많은 여인을 거느리는 것은
많은 고통을 자초하는 일이다."

겐지 왕자가 슬픔으로 고개를 떨군 채 아내가 다른 남자와의 사이에서 낳은 아기를 어르고 있다. 겐지는 아기를 위해서 세상 사람들에게 그 아기가 자기 소생인 척한다. 대나무 발 뒤에 일부가 가려진 붉은 쟁반들에는 귀족의 아들이 태어날 때 내놓는 쌀밥그릇이 놓여 있다.

한 남자가 구애하고 있는 다른 여자의 어머니로부터 온 편지를 읽는 동안 아내가 몰래 그 뒤로 접근하고 있다. 헤이안 시대의 바람기 많은 귀족 남성들의 집안에서는 부부 사이에 이런 일이 자주 일어났을 것이다.

| 질투와 음모

우리가 쉽게 짐작할 수 있다시피 일부다처제와 연애사건들은 헤이안 시대의 가정에서 긴장을 조성하는 일이 잦았다. 사랑하는 귀족 남성의 총애를 얻지 못한 첩이나 연인은 무일푼 신세로 버림받을까 봐 두려워했다. 자기 지위가 든든하다는 것을 잘 알고 있는 본처 역시 마음이 편치 않기는 마찬가지였다. 남편이 적자(嫡子)들을 제쳐두고 다른 여자의 자식들을 더 좋아할 수도 있으므로, 아내는 자식들의 장래 때문에 자주 마음을 졸였다.

여자들도 애인을 둘 수 있으므로 남자들 역시 질투심에서 자유롭지 못했다. 그러나 귀족 여인들은 하녀들이 아이들을 돌봐주고 집안의 모든 일을 처리해주므로 그 고통을 적절히 해소할 방도가 별로 없었다. 그들은 집을 벗어나는 경우가 거의 없어 질투심과 분노를 혼자서 삭여야 했다. 일부 여성들은 남편에게 분노를 터뜨리기도 했지만, 대부분의 여성들은 남편이 바람을 피우는 것은 피할 수 없으므로 '다른 여자들처럼 조용히' 질투심을 참고 견디는 것이 최선이라 여겼다.

2 :: 사무라이 검

1274년 가을, 다케자키 스에나가(竹崎李長)는 규슈 섬 북서쪽 해안에 있는 하카타(博多) 만을 향해 말을 몰고 맹렬히 질주해갔다. 중국 원나라와 고려의 대함대가 일본인들을 쿠빌라이 칸에게 고개 숙이도록 하려고 해안으로 다가오고 있다는 보고가 들어왔다.

1268년 이래 중국 북부의 몽골 황제는 여러 차례에 걸친 은근한 협박을 통해, 고려와 그 이웃 여러 나라에 이미 확립한 바 있는 군신 관계의 지배권을 일본에게도 강요하고 있었다. 쿠빌라이는 첫 편지에서 일본 왕을 '소국 군주'라는 모욕적인 이름으로 불렀다. 일본 문화와 기술의 상당 부분이 중국에서 오기는 했지만, 일본인들은 수백 년 동안 중국이 요구하는 속국의 지위를 거부해왔다. 쿠빌라이는 6년간에 걸쳐 스스로 교묘한 괴롭힘이라 규정한 방식을 써먹어본 뒤, 아무래도 일본에 좀더 호된 맛을 보여줄 필요가 있다는 판단을 내린 듯하다.

1274년 11월 초 규슈 남단에 위치한 지역의 무사 스에나가는 규슈 북서쪽에 있는 일본의 작은 섬들, 곧 쓰시마(對馬)와 이키(壹岐) 섬이 몽골-중국 침략군의 수중에 들어갔다는 소식을 들었다. 그 섬들에 있는 일본인들의 숫자

검고 붉은 갑옷을 걸치고 위협적인 뿔이 달린 투구를 쓴 말 탄 사무라이가 왼쪽에는 긴 검을, 오른쪽에는 단도를 차고, 한 손에 긴 날이 달린 치명적인 나기나타를 움켜쥔 채 출전 준비를 갖췄다. 사무라이와 다른 무사들은 전쟁터에서 주군을 위해 싸웠다. 일본 전역을 장악하기 위한 그 같은 전투들은 근 400년 동안이나 계속되었다.

는 몽골 군에 비해 너무나 적었다. 그때의 기록들(이런 기록들이 늘 그렇듯이 군대의 규모와 사상자 수에 관한 기록은 신빙성이 좀 약해 보인다)에 의하면, 고려인들이 건조하고 조종을 하는 약 800척의 배들을 타고 고려 남단에서 출전한 몽골군과 중국군의 숫자는 1만 5,000명 가량 되었다고 한다. 쓰시마와 이키 섬을 지키던 일본군의 숫자는 수백 명에 불과했고. 마지막 한 사람까지 영웅적으로 분전했던 일본 무사들은 침략군이 여자와 아이들을 비롯한 비전투원들까지 마구잡이로 학살하는 광경을 보고 공포에 질렸다. 그러나 몽골 인의 입장에서 민간인에게 공포감을 안겨주는 것은 일종의 전술에 불과했다.

야만적인 침략자들이 이제 규슈의 하카타 만을 향해 다가오고 있다는 소식을 접한 스에나가와 다른 무사들은 전투준비를 했다. 그 가운데 귀족 출신의 무사들은 치아를 검게 물들이고, 분과 향유를 바르고, 머리를 가지런히 모아 올려 상투를 틀었다. 전투에서 패배한 일본 무사들은 대개 목이 달아났으며, 그들은 그렇게 죽을 때조차도 위엄을 손상당하지 않으려고 공들여 몸단장을 했다. 그렇게 몸단장을 한 뒤에는 활, 단도, 한두 자루의 검 등 무기를 준비했다. 그들은 또 땅바닥에 앉거나 활을 쏠 때 사용하기 위한 사슴 가죽 한 장도 꾸러미에 넣었다. 그들은 포로가 된 적의 무사를 처형할 때도 그 가죽 위에 앉힌 뒤 목을 벴다.

그것들이 바로 사무라이의 전통적인 준비물이었다. 사무라이는 유서 깊은 귀족 가문 출신의 직업 무사들이었다. '모시는 이(侍)'를 뜻하는 그 말은 예전에는 사적인 수행원을 뜻했으며, 이 무렵에도 사무라이는 충직한 가신 역할을 했다. 무사는 우선 자신의 직계 상전에게 충성을 바쳤으며, 경우에 따라서는 주군을 위해 죽을 의무가 있었다. 포로가 되는 것을 피하거나 불명예스러운 행동을 속죄하기 위해서 자결하기도 했다. 무사들은 사병(私兵)을 고용한 지주에

1274년, 사무라이 다케자키 스에나가가 쿠빌라이 칸이 일본을 정복하기 위해 보낸 몽골 침략군을 향해 돌진한다. 스에나가는 말이 중상을 입고 적의 화살이 투구를 꿰뚫었음에도 머리 위를 날아가며 터지는 포탄의 불꽃 따위는 아랑곳하지 않은 채 적들을 향해 덤벼든다. 이 장면은 스에나가가 자신의 무용을 기념하기 위해 위촉한 두루마리에 수록되어 있다.

게 충성하는 대가로 토지를 양도받거나 집사가 되어 작은 규모의 영지를 관리할 권리를 얻었다.

사무라이는 훗날 무사도(武士道)로 알려진 행위규범을 충실히 따랐는데, 이런 규범은 혹독한 육체적 단련, 의무에 대한 절대 헌신, 용맹 등을 주문했다. 물론 무사도는 하나의 이상을 상징했다. 무사들 가운데는 배신하거나 비겁한 행동을 하는 이들도 있었고, 살인으로 생업을 삼는 것을 괴로워한 이들도 있었다. 그리하여 귀족 출신의 무사가 자기가 죽인 이들의 영혼을 위로하기 위해 출가하는 경우도 드물지 않았다.

스에나가는 다른 무사들과 마찬가지로 궁술과 검술의 달인들에게서 배우고, 장기간 굶거나 맨발로 눈밭을 걷는 등의 혹독한 훈련을 감내했을 것이다. 그는 또 중국에서 들어온 불교의 한 형태인 참선의 수행자였을 수도 있다. 일본의 무장(武將)들은 마음을 다스리고 수양을 할 수 있다는 점 때문에 대체로 선(禪)을 적극적으로 받아들였다. 스에나가는 하카타 만으로 출정하기에 앞서 그 지역의 신사나 절에 들러 여러 신에게 앞으로 벌어질 전투에서 큰 전공을 세우게 해달라고 기도했을 것이다.

11월 18일, 몽골 군은 함대를 하카타 만에 정박시켰다. 이튿날 몽골 군이 뭍으로 올라오기 시작하자, 스에나가와 그를 따라온 다섯 명의 부하를 포함한 수천 명의 일본 무사들은 그들과 맞서 싸웠다. 일본군은 만 주위의 몇몇 요충지에서 침략자들과 접전을 벌였다. 다섯 명으로 이루어진 스에나가의 작은 부대가 진을 친 곳에는 더 넓은 영지를 소유한 고위급 무사들이 각기 수하 병력을 100여 명씩이나 데려온 터라 그의 부대는 눈에 띄지도 않았다. 스에나가는 더 큰 전공을 세우고 싶은 마음에서 역시 몽골 군의 공격을 받고 있던 항구 도시 하카타에 가기로 했다. 특별 포상을 받기 위해 누구보다 선두에 서서 공격하는 것이야말로 사무라이의 전형적인 특징이었다. 스에나가와 그 일행이 하카타에 도착하고 보니, 그곳에도 역시 다른 많은 무사들과 휘하 병력이 포진하고 있어 스에나가 일행은 다시 다른 곳으로 이동했다. 세 번째로 간 곳에는 동향의 한 유력한 무사가 거느린 병력이 자리잡고 있어 스에나가의 작은 부대는 그 부대에 합류했다. 그 부대는 몽골 군과 힘겨운 접전을 벌이고 있었다.

동향의 그 무사는 전통적인 방식으로 적을 공격했다. 먼저 전투 개시 신호를 뜻하는 화살을 날려 휘파람 소리가 나는 것으로 전투가 시작되었다. 그러면 무사들은 차례로 적진을 향해 말을 달리면서 자기와 맞붙어 싸울 만한 적을 찾았다. 전통적으로 일본 무사들은 아주 예의바른 태도로 자기가 어느 가문의 누구라고 소리침으로써 자기와 격이 맞는 상대를 찾았다. 그렇게 해서 적수와 맞서게 되면, 그들은 대개 검으로 상대방을 후려쳐 말 등에서 떨어뜨렸다. 말을 탄 채 적에게 치명적인 일격을 가하기는 어려우므로, 그도 얼른 말에서 내려 허리에 차고 다니는 단도로 적을 죽인 뒤 목을 베었다. 전투가 끝난 뒤에는 자기가 벤 머리를 모아서 전리품 겸 전과의 증거로 주군에게 바쳤다.

그러나 스에나가와 다른 사무라이들은 이내, 몽골 군이 전혀 다른 방식으로 싸운다는 사실을 깨닫고 몹시 당혹해했다. 몽골 군은 지난 50년 동안 아시아의 광대한 지역을 정복하면서 완벽하게 갈고 닦은 집단전술을 사용했다. 고도로 훈련된 궁수들과 창병들이 북소리로 중계되는 명령에 따라 무리를 지어 질서정연하게 전진하고 후퇴했다. 일본의 사무라이들이 일대일 전투를 벌이기 위해 적진을 향해 달려가면 촉에 독을 바른 화살이 비 오듯 쏟아졌고, 그것을 용케 피해서 적진에 접근한 이들도 이내 적들에게 포위되어 죽음을 당했다. 일본의 무사들은 생전 처음으로 자기네의 화력을 압도하는 막강한 화력과 맞닥뜨렸다. 짧으면서도 힘이 좋은 몽골 식 활의 유효 사거리는 240m로, 긴 일본 활보다 화살을 배나 멀리 날려보낼 수 있었다. 그리고 일본인들은 쇠뇌로 날리는 폭탄 역시 생전 처음 목격했다. 그것이 터지면 귀가 멍멍할 정도로 엄청난 폭발음이 나서 말들을 겁먹게 했고, 말과 무사들의 몸을 불태웠다.

이런 낯선 전술과 무서운 무기들과 맞닥뜨렸음에도 스에나가와 그의 부하들은 자부심 강한 무사들답게 조금도 굴하지 않고 용감하게 적들에 맞서 싸웠다. 스에나가는 양손으로 검을 움켜쥐고는 사방에서 자신을 둘러싼 적들을 향해 이리저리 검을 휘둘렀다. 얼마 후 스에나가와 그의 부하 셋은 말을 잃고 심한 부상을 입은 상태에서 비틀거리며 고군분투해야 했다. 그때 갑자기 동향 무사 100여 명이 구세주처럼 나타나지 않았더라면 그의 소부대는 전멸할 운명을 맞았을 것이다.

이윽고 날이 어두워지자 심한 타격을 입은 일본군은 내륙으로 수십 리나 물러나 방어벽 뒤에 몸을 숨겼다. 그날 밤 심한 폭풍이 불기 시작했다. 살아남은 일본 무사들이 비에 흠뻑 젖은 채 탈진한 상태로 본토인 혼슈에서 지원군이 오기만을 기다리는 동안 적군 역시 전장에서 물러났다. 고려인 키잡이들은 곧 닥쳐올 폭풍우로 배들이 하카타 만의 암초에 좌초하여 몽골 군이 육지에 고립될까 봐 걱정했다. 그들은 몽골 장수들에게 군대를 다시 승선시키도록 건의했다. 그런데 함대가 만에서 빠져나온 새벽녘에 이르러 태풍이 몰아닥치면서 몽골 함선의 3분의 1가량이 침몰했다. 기록에 의하면, 이때 약 1만 3,500명의 병사들과 선원들이 익사했다고 한다.

몽골 군의 일본 침입 실패 이후 스에나가와 다른 무사들은 전쟁 후에 으레 따라오게 마련인 전공 포상이 내려지기를 기다렸다. 스에나가는 특히 자신이 포상을 받을 만하다고 여겼다. 침략자들과 싸우기를 거부하거나 비교적 안전한 곳으로 피신해서 침략자들과 싸운 일부 무사들과 달리 그는 적극적으로 적들과 교전해서 부상까지 입었다. 그러나 국내의 적들과 맞서 싸운 과거의 전투 때와는 달리 이번에 혼슈의 군사 수도인 가마쿠라의 통치자들은 충직한 용사들에게 나눠줄 만한 땅도 전리품도 얻지 못했다. 스에나가로서는 규슈의 포상 담당 관리가 자신의 용맹함을 바쿠후에 보고조차 하지

| 사무라이의 무기와 장비 |

헤이안 시대에 이르러 사무라이들은 검을 찬 말 탄 궁수로 처음 등장했다. 결투를 벌일 때 두 명의 무사는 말을 달리면서 서로 상대편에게 활을 쏘았다. 봉건시대가 진행되면서 사무라이들은 말을 타지 않고 싸우는 경우가 잦아져 활보다 검에 더 의존했는데, 이것은 14세기의 전투가 산악지대나 숲에서 벌어지는 경우가 많았기 때문이기도 하다. 그리고 사무라이들의 전투 양상이 변하면서 갑옷의 형태도 변했다.

헤이안 시대 사무라이들은 '오요로이(大鎧)'라는 널찍한 가죽띠를 어깨에서 늘어뜨려 허리에 감아 고정시키는, 여러 장의 판으로 된 갑옷 치마와 상자 모양의 흉갑을 걸쳤다. 이 갑옷은 비단 끈으로 옻칠한 쇠붙이나 가죽 조각을 수평으로 엮어서 만들었다. 큰 직사각형 모양의 어깨 보호구는 적의 화살을 막아주는 방패 역할을 한 반면, 활을 잡고 쭉 펼치는 팔(보통 왼팔)은 천에 미늘을 꿰매 붙인 소매로 어깨부터 손가락 끝까지 보호했다. 활시위를 당기는 팔에는 그런 소매를 걸치지 않았다. 정강이 보호구는 아랫다리를 보호해줬다.

말을 타지 않고 싸우는 사무라이들은 좀더 유연한 보호 장비를 필요로 했다. 그들은 몸통을 감싸는 '도마루(胴丸)' 혹은 '하라마키(腹卷)'라고 하는 흉갑을 걸쳤는데, 그것을 한쪽 옆구리나 등에서 고정시켰다. 그것에는 여전히 쇠붙이 미늘을 붙였으나 기마 무사의 갑옷보다 무게가 훨씬 덜 나갔다. 정강이 보호구는 더 늘어나 무릎까지 보호해줬고, 거기에 허벅지 보호구가 추가되었다. 그리고 양팔에는 옻칠한 사슬이 달린 소매를 걸쳤다.

한 사무라이가 헐거운 옷과 바지와 정강이 보호구 위에 허벅지 보호구를 앞치마처럼 걸치고 장식 띠로 묶고 있다.

이 무사는 어깨 보호구를 묶고 거동이 편하도록 몇 갈래로 된 치마가 달린 흉갑의 끈을 졸라매고 있다.

어깨 보호구를 착용하고 검을 찬 사무라이가 얼굴 마스크와 목 보호구의 끈을 쇠 투구의 충격을 완화시키는 면수건 모자 위에 묶고 있다.

헤이안 시대와 봉건시대의 투구는 리벳으로 고정시킨 쇠판과, 목과 어깨를 보호하는 보호구가 달려있다. 그리고 얼굴은 마스크로 가렸는데, 헤이안 시대의 마스크는 이마와 양뺨을, 그후의 마스크는 양뺨과 턱과 코를 가렸다. 또 헤이안 시대 이후의 마스크에는 적의 검이 목을 벨 수 없도록 막아주는 혁신적인 목 보호구도 부착되었다.

그러나 사무라이의 가장 유용한 보호장비는 무기들이었다. 헤이안 시대의 사무라이들은 줄로 검을 매달고 다녔지만 후대의 무사들은 장식 띠에 끼웠다. 무사들은 또 단도를 차고 전장에 나갔다. 앞 페이지에 나오는, '기마무사가 갖춰야 할 필수 장비'라는 제목의 교본 그림에서 볼 수 있는 바와 같이 어느 시대에든 전투 복장을 갖추는 데는 시간이 꽤 걸렸다.

사무라이들은 갑옷뿐만 아니라 무기도 보기 좋게 장식했으며, 거기에 금박 등의 금속세공을 곁들이고 투구에는 사슴뿔 모양의 구리 장식을 달았으며, 마스크에는 멧돼지 털로 만든 인상적인 콧수염이나 턱수염을 달았다. 갑옷을 제대로 갖춰 입고 완전무장한 사무라이는 앞 페이지에 나오는 18세기의 갑옷 차림처럼 아주 인상적이고 위협적으로 보였다.

12세기의 전투장면을 묘사한 병풍 그림의 일부. 이 그림에는 사무라이들이 벌이는 전투의 잔인함이 생생하게 드러나 있다. 말 탄 무사가 적병의 머리를 끌어당겨 단도로 목을 찌르려 하고 있다.

이 번뜩이는 14세기 장검의 옻칠한 자루는 단단한 가오리 가죽으로 싼 뒤 비단 줄로 잘 감아서 만들었다.

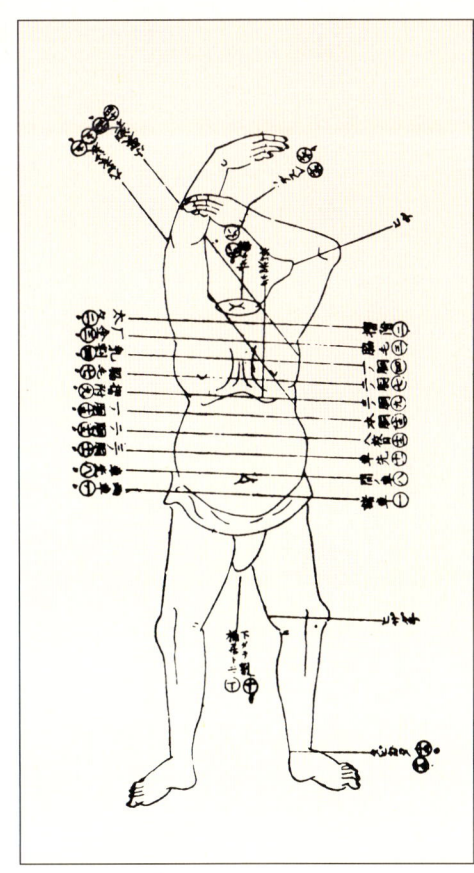

무사들은 범죄자들의 시신으로 검법을 연마하고 칼날의 예리함을 시험했다. 이 그림은 칼로 벨 부위들과 그 이름을 표기하고 베기 어려운 정도를 숫자로 표시해놓았다.

않아 이런 결과가 한층 더 충격적이었다. 스에나가는 이것을 중대한 명예훼손이라 여겼다.

그리하여 절망적인 심경이 된 그는 자신이 직접 가마쿠라에 가서 탄원을 하기로 결심했다. 규슈 남부에서 혼슈 중동부 해안을 따라 북쪽으로 올라가는 길은 힘겹고 고된 여정이었으나 스에나가에게는 여행경비조차 없었다. 하지만 그는 기필코 전공을 인정받고 응분의 포상을 받기로 결심한 터라, 갖고 있던 말 몇 마리와 안장을 팔아서 여비를 마련했다.

> "내 바람은 오직 하나,
> 내 무공을 쇼군께 알리려는 것이오."

1275년 6월, 그는 고향을 떠나 근 두 달 뒤에야 가마쿠라에 도착했다. 예전에 한적한 어촌이었던 그곳은 이제 인구 5만 명이 거주하는 도시가 되었다. 그 도시는 삼면이 산으로 둘러싸이고 다른 한 면은 만과 마주한 전략 거점이었다. 스에나가는 경비초소들이 하나씩 서 있는 일곱 고개 가운데 하나를 지나 도시로 들어섰다. 거기서 스에나가는 도시를 둘러싼 산비탈에 집들이 층층이 늘어서 있는 광경을 보았다. 13세기의 또 다른 방문객이 서술했듯이 그 집들은 "층층이 올라가 있는 게 마치… 가방 속에 함부로 쌓아올린 물건들처럼 보였다."

스에나가는 도심으로 들어갔다. 거기에는 바다로 이어진 넓은 길 양옆으로 고위 무사들의 집이 죽 늘어서 있었다. 바쿠후는 사회적 지위와 가문의 재력에 따라서 집의 크기를 규제했다. 바쿠후는 다른 면에서도 그곳 시민들의 생활을 규제하려 애썼다. 그로부터 20년 전인 1252년, 바쿠후는 그 도시 사람들이 술을 너무 많이 마신다고 판단하고 정확히 3만 7,274동이의 술을 압수했다. 바쿠후는 한 가구에 술을 한 동이씩만 할당하고 나머지는 모두 없애버렸다. 당국에서는 또 시가지도 깨끗하게 유지하려 했지만 그런 지시는 잘 먹혀들지 않았다. 스에나가는 거리 구석구석에 쓰레기들이 널려 있는 광경을 목격했고, 심지어는 죽은 말들이 방치되어 있는 광경도 보았다. 도시 주민의 대부분은 가난했으며, 선불교 계통의 절에서는 병자나 고아를 돌봐주는 수용 시설을 운영했다.

스에나가는 시간이 많아서 가마쿠라와 그 일대를 자세히 살펴볼 수 있었다. 그는 근 두 달 동안 바쿠후 관리를 만나려 애썼지만 좀처럼 기회를 얻지 못했다. 그러다 마침내 10월에 이르러 군사정부의 보훈처 책임자인 아다치 야스모리가 그를 만나줬다. 스에나가는 그에게 말했다. "저는 단순히 포상을

바라서 이러는 것이 아닙니다. 제가 선봉에 서서 싸웠다는 말이 거짓으로 판명된다면 그 자리에서 목을 치십시오. 제가 바라는 것은 딱 한 가지밖에 없습니다. 쇼군께 제 전공을 보고해주십시오.”

스에나가의 끈질긴 노력은 보상을 받았다. 그는 전공으로 말 한 필을 하사받고 고향인 규슈에 있는 일부 영지의 관리책임을 맡았다. 다른 많은 무사들 역시 바쿠후에 직접 청원했지만 120명만이 포상을 받았으며 스에나가도 그들 가운데 한 명이었다. 스에나가는 그때 느낀 감사함을 결코 잊지 않았을 것이다.

스에나가가 자신을 위하여 주장한 내용 중에는 그런 포상이야말로 “다시 전쟁이 일어났을 때 병사들의 사기를 크게 높여주는 역할을 하리라”는 것이 있었다. 사실 몽골의 제2차 침입이 시시각각 다가오고 있었다. 스에나가가 가마쿠라에서 탄원을 올리는 동안 쿠빌라이 칸은 일본왕에게 사신을 보내 오늘날의 베이징에 있는 자신의 새 왕궁에 와서 예를 올리라고 명령했다. 바쿠후에서는 중국 사절단 6명의 목을 베어버리고 2차 침입에 대비하라는 명령을 하달했다. 그러자 규슈의 무장들은 자기 영지 내의 각 가구에서 즉각 동원할

조신, 마부, 무사, 승려 등으로 이루어진 다양한 계층 사람들이 고위급 무사의 말처럼 잘 기른 말들이 있는 마구간 앞에서 일을 하거나 놀이를 즐기는 것은 물론 낮잠을 자기도 한다. 원숭이 한 마리(왼쪽)가 주위의 복도를 아장아장 걷고 있다. 이 원숭이는 악령들이 말에게 접근하지 못하도록 하기 위해 마구간에 들여놓았다.

수 있는 모든 무사와 장비의 숫자를 조사하기 시작했다.

이때 사이코라는 늙은 무사는 전답과 식구 수와 장비 상황 등을 기록한 명세서를 주군에게 보냈다. "사이코, 85세. 거동할 수 없음. 아들 나가히데, 65세. 활과 화살, 무기들을 갖추고 있음. 쓰레히데, 38세. 활과 화살, 무기들, 갑옷, 말을 갖추고 있음. 마쓰지로, 19세. 활과 화살, 무기들을 갖추고 부하 두 명을 거느리고 있음. 다카히데, 40세. 활과 화살, 갑옷, 말과 부하 한 명을 거느리고 있음." 사이코는 다음과 같은 말로 명세서를 끝맺었다. "주군께서 명령만 내리시면 언제든지 충직하게 복무할 것입니다."

하카타 만에서는 40km에 이르는 해안선을 따라 높이 1.5m에서 15m가량의 긴 석조 방어벽을 쌓는 공사가 벌어졌다. 규슈의 무장들이 약 5년이 소요된 그 방벽 축조 공사 임무를 맡았다. 임무를 공정하게 배분하기 위해서 영주들 각자가 보유한 토지의 면적을 기준으로 각각 쌓을 방벽의 면적을 할당한다는 규정이 만들어졌다.

1280년 쿠빌라이 칸이 중국 남부를 완전히 수중에 넣었을 즈음, 일본인들은 이듬해 봄에는 쿠빌라이가 다시 일본을 치리라는 것을 알았다. 쿠빌라이는 '일본 정벌부'라는 새로운 부처를 만들기까지 했다. 교토에 거주하던 일본왕은 전국에 기도를 올리라는 칙령을 내렸다. 전국의 절들에서는 밤낮으로 예불을 올렸다. 사람들은 전쟁의 신 하치만(八幡)을 모시는 사당으로 몰려갔다. 왕 역시 친필로 쓴 기원문을 조상들의 묘에 바침으로써 조상들의 혼령이 나라를 구해주기를 빌었다.

기록에 의하면, 당시 몽골 군, 고려군, 중국군으로 구성된 약 4만 명의 대군이 900척의 배를 타고 고려를 출발했으며, 몽골에게 불과 얼마 전에 정복당한 남부 중국인 대다수와 몽골 인 일부로 편성된 10만 대군이 3,500척의 배를 타고 중국 남동부를 떠났다고 한다. 고려에서 출발한 함대는 1281년 6

1281년, 쿠빌라이 칸이 제2차 일본 정벌을 단행한 동안 몽골 병사들이 야음을 틈타 자기네 배로 잠입한 일본 무사들을 격퇴하려 애쓰고 있다. 일본군은 몽골 군에 비해 수적으로 훨씬 적었지만 대단한 기지와 결단력을 발휘하여 몽골 군의 침입을 저지하기 위해 안간힘을 썼다.

월 23일 하카타 만에 들어왔고 병사들이 뭍으로 올라오기 시작했다. 새로 쌓은 방벽 뒤에 포진한 무사들은 침략군에게 격렬히 저항했으며, 다케자키 스에나가 역시 그들과 더불어 열심히 싸웠다.

무사들은 방어에만 그치지 않고 날이 어두워졌을 때를 틈타 반격을 가했다. 그들은 급습을 목적으로 건조한 작고 빠른 배들을 타고 만에 정박해 있는 적의 큰 수송선을 공격했다. 그들은 적의 수송선에 배를 대고 갑판에 뛰어올라가 적병들과 육박전을 벌였다. 그런 다음 수송선에 불을 지른 뒤 빠져나왔다. 배가 없는 한 무리의 무사들은 적선으로 헤엄쳐가서 배에 오른 뒤 선원들의 목을 베고 뭍으로 다시 헤엄쳐 나왔다.

그렇게 해서 비록 수적으로는 딸렸지만 용맹성만큼은 적을 능가했던 일본 무사들은 50일 이상이나 전투를 계속했다. 고려와 중국에서 강제로 징발된 병사들은 몽골 장군들을 위해서 싸울 마음이 별로 없었으므로 일본군은 특히

참선과 무사

13세기와 14세기 사이에 사무라이 사회의 지도
층 인사들 사이에서는 선불교의 수행이 크게
유행했다. 그것이 그렇게 유행한 데는 교토 왕
실이 그 종교를 받아들이지 않았다는 사실을
포함해서 여러 가지 이유가 있었다. 그러나 대
체로 사무라이들은 특별한 의식을 요구하지 않
고 극기와 자각을 강조하고 깨달음은 자기 행
위에서 비롯된다고 가르치는 점 때문에 선에
끌렸다. 수행자는 명상과 수행, 온 마음을 모으
는 것을 통해서 '사토리(覺)', 곧 '진리의 빛'에
이를 수 있었다. 선은 또 절대적인 헌신을 요구
했는데, 사무라이들은 자기 검술에 이미 그렇
게 모든 것을 바친 사람들이었다. 오른쪽의 그
림은 바로 그와 같은 결의를 예증한다. 한 수행
자가 달마(達磨)에게 그의 제자가 되겠다는 결
의를 확연히 드러내기 위해 자신의 팔을 잘라
바치는 광경. 달마는 중국에 선을 전한 인도의
성인이었다.

선은 유혈 행위를 삼가는 불교 전통의 일부였
으나, 놀랍게도 그후 불승들은 수많은 무사들
의 스승이 되었다. 그러나 이런 스승들은 검술
을 가르치지 않았다. 그들은 제자들에게 전투
하는 동안 마음속에서 모든 생각을 비우라고
가르쳤다. 17세기의 한 검술 사범이자 선 수행
자는 다음과 같이 썼다. "세상에는 많은 가르침
이 있다. …그러나 깨달음에 이른 사람은 그런
가르침들을 모두 버린다. 그는 자유롭게, 자연
스럽게 행동한다. 세상에서는 그런 자를 일
러… 깨달은 자, 위대한 실천자라 부른다." 사
람들은 그 무사의 검은 저절로 움직이며 죽음
이 아니라 정의를 가져다준다고 여겼다.

그 양국 병사들에게 강했다. 바로 그때 중국에서 출발한 적의 주력군이 오랜 지체 끝에 마침내 서쪽 해안에 상륙했다. 8월 15일 밤, 일본군은 적군에게 사정없이 짓밟힐 것 같았다. 바로 그 순간 1274년에 찾아왔던 맹렬한 폭풍이 다시 몰아닥쳤다. 태풍이 이틀간에 걸쳐 해안을 강타하면서 나무들을 뿌리째 뽑아버리고 엄청난 파도를 일으켰다. 그리고 파도를 맞은 적선 수백 척은 고스란히 수장되고 말았다. 몽골 군측에서는 엄청난 사상자가 났다. 병사들의 대부분은 익사했으며, 살아남은 수천 명도 태풍 때문에 육지에서 우왕좌왕하다가 일본 무사들에게 쫓기면서 하나하나 목이 달아나고 말았다.

해마다 그 무렵이면 태풍이 몰아치곤 했다. 하지만 대부분의 일본인들은 그것을 기적이라고 여겼다. 그들은 신들이 자기들의 소원을 들어주신 것이라 주장했다. 그후 일본인들은 1274년과 1281년의 태풍을 '신의 바람(神風)'을 뜻하는 '가미가제'라 불렀다. 그 승리 후 많은 이들이 군사정부에 포상을 요구했다. 승리를 기원했던 승려들은 자기네 덕에 신풍이 불었다고 주장했고, 수천 명의 사무라이들은 자기들이 세운 전공을 물질적으로 인정해달라고 요구했다. 바쿠후는 승려들에게 특혜를 주어야 하는 부담감을 느꼈다. 승려들은 궁중뿐만 아니라 일본 전역에서 많은 영향력을 지닌 사람들이었다. 그러나 몽골 군과 벌인 앞선 전투에서처럼 바쿠후의 권력자들은 내주고 싶어도 내줄 것이 없었다. 무사들은 그 때문에 큰 어려움을 겪었다. 그들은 자비를 들여가면서 침략자들을 격퇴했고, 앞으로 포상받을 전망이 거의 없다는 사실을 알면서도 1300년까지 근 20년 이상이나 방어태세를 갖추고 지냈다. 그러나 툭하면 포상을 요구하는 이들이 가마쿠라에 몰려오는 바람에 바쿠후에서는 두 차례에 걸친 몽골 군과의 전투에 참가했던 이들에게는 어떤 포상도 하지 않는다는 포고령을 내렸다.

다케자키 스에나가의 용감한 활약상은 그가 가마쿠라에 직접 가지 않았는데도 바쿠후 사람들의 귀에 들어갔다. 그러나 그 역시 포상은 받지 못했다.

수완이 좋은 스에나가는 전공을 인정받고 후세에 길이 남길 수 있는 또 다른 수단을 찾아냈다. 1293년, 그는 자신이 용감하게 분전한 내용을 글과 그림으로 남기고자 두루마리 그림을 의뢰했다. 그후 그가 신사에 기증한 그 두루마리에는 몽골 침략군을 격퇴할 때 그가 전공을 세운 내용뿐만 아니라 바쿠후의 관료주의와 싸워서 승리한 내용도 자세히 기술되어 있다.

몽골의 침략은 사무라이들에게 장기간에 걸친 중요한 변화들을 가져다줬다. 첫째, 무사들은 진형(陣形)을 갖춰서 싸우는 법을 배웠으며, 이러한 전술은 일본 전역에 널리 퍼졌다. 둘째, 바쿠후에 대한 무사들의 불만은 회복하기 어려울 정도로 커졌으며, 이러한 경향 역시 널리 파급되었다. 14세기 초에 이르러 가마쿠라 바쿠후의 권력은 약화되었으며, 바쿠후에 반감을 품은 지방의 무장들과 교토의 귀족들, 전왕과 현왕의 당파들이 하나로 뭉치기 시작했다.

1318년, 고다이고 왕은 옥좌에 오르자마자 바쿠후의 힘이 약화된 틈을 이용하기 시작했다. 전왕들이 대체로 소년일 때 왕위에 오른 것과 달리 그는 30대 초반에 이른 원기왕성하고 야심만만한 인물이었다. 진지한 학자요 고집센 전제군주였던 그는 군림하면서 동시에 통치하고 싶었다. 그의 이런 경향은 나라를 다스리는 일에 익숙해진 바쿠후에 심각한 위험 요소였다.

고다이고 왕은 또 평생토록 옥좌에 머무르고 싶었다. 이전까지의 왕들은 대대로 섭정직을 계승한 호조 가문 사람들의 요청에 따라 몇 년 지나지 않아 왕위를 다음 왕에게 물려주곤 했다. 더욱 곤란한 것은 그가 왕위를 세자이자 후계자인 자기 아들에게 물려주려 한다는 점이었다. 그럴 경우 그 무렵 왕가 내의 두 당파에서 번갈아가며 왕위를 계승하던 전통적인 관례를 깨뜨려야 했다. 바쿠후는 평화유지를 위해 그런 식의 계승방식을 인정해줬는데, 고다이고가 노골적으로 그 방식을 거부하고 나서자 바쿠후의 권력자들은 긴장하지 않을 수 없었다. 1331년, 바쿠후의 권력자들은 왕이 가장 신임하는 자문관으로부터 그가 바쿠후를 전복하려는 음모를 꾸민다는 제보를 받고 교토로 군대를 보냈다.

고다이고 왕은 교토 남부의 나라(奈良) 근방에 있는 가사기(笠置) 산 정상에 있는 절로 피신했으며, 거기서 자신의 상황을 대충 가늠해보았다. 그는 어떻게 해서든 왕위를 되찾고 싶었으나 휘하에 군대라고는 없었다. 그가 의지할 사람이라고는 산에 쫓겨와 있는 동안 그를 보호해준 승병들과 왕가의 영지에 거주하는 한 무리의 사무라이들뿐이었다. 그에게는 훌륭한 장수가 필요했다. 자신이 믿을 수 있고, 대규모 부대를 모으고 지휘할 능력이 있는 전투 지휘관이 필요했던 것이다.

전설에 의하면 추방당한 왕은 그 문제로 고심하다가 깜박 잠이 들었는데, 앞날을 예시해주는 꿈을 꾸었다고 한다. 그 꿈에서 고다이고는 자신이 곧 권좌로 되돌아가리라는 것을 예감했으며, 더 중요한 것은 꿈에서 그렇게 할 수 있는 방도를 보았다는 점이다. 꿈에 나타난 중요한 상징물들은 장대한 나무의 무성한 가지들 밑에 놓인, 남쪽을 향하고 있는 빈 옥좌였다. 잠에서 깨어난 고다이고는 나름대로 해몽을 했다. 그는 '나무'를 뜻하는 글자와 '남쪽'을 뜻하는 글자를 병렬시켜놓고 보았다. 그 두 글자를 합하니 녹나무를 뜻하는 '구스노키(楠木)'가 되었다.

왕은 사람들을 시켜 그런 이름을 가진 무사가 있는지 수소문하게 했다. 있었다. 그렇게 해서 고다이고는 그를 곧 자기 곁으로 불러들였다. 구스노키 마사시게(楠木正成)는 교토 남쪽, 그러니까 오사카와 나라 사이에 위치한 가와치(河內) 출신의 무사였다. 그는 37세 된 사내로, 그 근방 영지들을 약탈하는 데 참여했다는 미천한 시골 사람의 아들이었다. 마사시게는 절에서 교육을 받은 뒤 아버지를 따라 악당들의 무리 속에 끼어들었다. 카리스마적인 지도자로 알려진 그는 헌신적인 한 무리의 추종자들을 거느리고 가와치의 공고(金

剛) 산 근방의 산속에 자리잡았다. 잘 훈련받은 뛰어난 전사들인 그들은 군인이라기보다는 무장 게릴라에 가까운 사람들이었다.

마사시게는 무장의 가신이 아니었고, 바쿠후에 충성해야 할 입장도 아니었다. 대신에 그는 왕실에 속한 땅을 관리했을 가능성이 있다. 아무튼 그는 왕에게 충성을 맹세하고 바쿠후 측과 싸워달라는 왕의 요청을 순순히 받아들였다. 그러나 그는 왕에게 인내심을 가져야 한다고 조언했다. 그는, 한 번의 전투로 승리를 얻을 수는 없으며 패전 소식에도 낙담해서는 안 된다고 역설했다. "마사시게가 살아 있다는 소식이 들리는 한 전하의 성스러운 대의명분은 여전히 살아 있다고 믿어주셔야 합니다!" 마사시게는 그렇게 선언한 뒤 권력을 얻기 위한 투쟁에 돌입했다. 그 투쟁은 무장들의 싸움을, 심지어는 왕들의 싸움을 불러일으키면서 50년 동안 일본 땅을 휩쓸었다.

"용감한 사람은 위험에 처했을 때
신중하게 대처한다."

마사시게가 왕에게 미리 경고한 대로 처음 몇 번은 패배했다. 바쿠후 군은 마사시게 군과 두 번 맞붙은 직후 곧바로 가사기 산을 공격했다. 고다이고 왕은 몇 명의 귀족과 함께 그곳을 탈출하여 공고 산 근방의 마사시게 진영으로 향했다. 그런데 그리로 가는 도중 귀족들이 착각을 하는 바람에 일행은 그만 바쿠후 군이 있는 곳으로 잘못 들어가고 말았다. 바쿠후 군에 붙잡힌 고다이고는 교토로 이송된 뒤, 거기서 다시 혼슈 서쪽 해안에서 80km가량 떨어진 작은 화산섬인 오키(隱岐) 섬으로 유배당했다. 바쿠후의 권력자들은 고다이고의 빈자리에 다른 당파의 왕을 앉힘으로써 두 당파에서 번갈아가며 왕위를 맡게 하는 정책을 고수했다.

품위 있는 옷차림을 한 세 명의 사무라이가 옻칠한 그릇에 담긴 쌀밥과 그밖의 음식을 먹고 있고, 한 여자가 국을 더 따라주기 위해 나무 국자를 들고 있다. 신흥 부자가 된 무사들은 교토의 기품 있는 생활을 흉내내려 애썼다. 그러나 유서 깊은 귀족가문 사람들은 그 풋내기들의 거친 태도와 서툰 예절을 비웃으면서 그들을 "벼락출세한 영주들"이라 불렀다.

한편, 구스노키 마사시게는 아주 독창적인 전술을 구사해가며 반란을 일으켰다. 그의 전술은 왕에게 미리 말한 대로 "군사력과 아울러 교묘한 책략"에 의존했다. 고다이고가 바쿠후 군에게 사로잡힌 직후 마사시게와 소수의 추종자들은 공고 산 근방에서 수적으로 막강한 바쿠후 군에게 포위당하고 말았다. 그는 막강한 적과 맞서 싸우기보다는 탈출하는 편을 택했다. 그때 그는 부하들에게 이렇게 말했다. "나는 필요하다면 명예를 지키기 위해 내 목숨까지도 기꺼이 내놓을 용의가 있다. 하지만 용감한 사람은 위기에 처했을 때 신중하게 대처하면서 교묘한 책략을 강구하는 편을 택해야 한다." 마사시게는 이러한 신조에 따라서 큰 구덩이를 파고 그 속에 전투에서 사망한 양측 병사들의 시체를 쓸어넣은 뒤 그 위에 숯과 땔나무를 잔뜩 쌓아놓게 했다.

그렇게 한 뒤 그와 수백 명의 사무라이들은 뒤에 한 명만을 남겨놓고는 바쿠후 군으로 변장한 채 몇 개의 소집단으로 나뉘어 적의 포위망을 몰래 빠져나갔다. 그들이 사지에서 빠져나가자 뒤에 남은 무사는 땔나무에 불을 질렀다. 바쿠후 군 병사들은 불에 탄 유해들을 조사해보고는 마사시게와 그의 부하들이 집단자살을 했다고 확신했다.

마사시게의 도깨비 부대는 그러한 책략 덕에 게릴라전을 펼칠 수 있는 시간적인 여유를 벌었다. 마사시게는 자신이 훤하게 꿰고 있는 교토 남부의 산악지대 거점들에서 군사행동을 취했으며, 그의 부하들은 치고 빠지는 전술로 자기네보다 수적으로 훨씬 우세한 바쿠후 군을 집요하게 괴롭혔다. 마사시게는 수천 명의 바쿠후 군 병사들을 유인해서 요도(淀川) 강을 건너게 한 뒤 측면을 들이친 적도 있었다. 다른 많은 이도 그의 대담한 저항에 자극받아, 유배당한 왕의 아들 모리나가(護良) 왕자가 높이 세운 왕당파의 깃발 아래 모여들었다. 바쿠후 측에서도 가만있을 수 없어 반란군을 한 명이라도 죽이는 사무라이에게는 넓은 땅을 하사

일부 학자들은, 투구를 제외하고는 완전무장을 한 채 정교한 마구를 착용한 혈통 좋은 말을 타고 있는 이 14세기의 무장이 쇼군인 아시카가 다카우지라고 주장했다. 부러진 화살이 전동(箭筒)에 꽂혀 있고 칼집에서 뽑은 검을 어깨에 둘러멘 광경은 이 사람이 전장에서 돌아오는 중임을 암시한다.

하겠다고 약속했다.

1333년 초 마사시게는 가장 혹독한 시련에 봉착했다. 서로 다른 세 부대에 속한 총 10만 명의 적군이 그가 최근에 세운 요새를 포위한 것이다. 치하야 장군은 해발 1,000m가 넘는 공고 산 고지대에 포진했다. 2,000명이 채 안 되는 병사를 거느린 이 지략가는 가파른 지형을 이용해서 적의 공격속도를 늦췄다. 그는 쓰러진 나무들로 산비탈 곳곳에 장애물을 설치하고 구덩이들을 판 뒤 그 속에 죽창들을 줄줄이 꽂아놓았으며, 무성한 관목덤불은 적들의 화살을 번번이 빗나가게 했다. 적들이 장애물들을 돌파하려 애쓰는 동안 수비군 병사들은 통나무에서 똥통에 담아온 똥물에 이르기까지 온갖 것을 적에게 퍼부었다. 바쿠후 군은 몇 주에 걸쳐서 공격을 거듭했으나 번번이 실패하자 사기가 크게 떨어졌다. 그러자 바쿠후에서는 교토의 시인들을 전선으로 보내 시회를 베풀고 병사들을 위무하게 했다.

마사시게의 충성스러운 부하들은 적에게 기만전술을 썼다. 그들은 인체 크기의 인형 20여 개를 만든 뒤 갑옷을 입히고 무기까지 들려줬다. 어느 날 밤 그들은 요새 앞에 방패를 든 그 인형들을 세워놓았다. 그런 뒤 그 인형들 뒤로 잘 보이지 않는 곳에 뛰어난 솜씨를 지닌 궁수들을 배치했다. 새벽녘이 되자 인형들 뒤에 숨은 궁수들은 금방이라도 공격할 것처럼 일제히 날카로운 외침을 발했다. 적들이 드디어 요새 앞의 벌판으로 나오려 한다고 여긴 바쿠후 군은 그 미끼를 덥석 물었다. 바쿠후 군은 그 인형들을 노리고 산비탈을 달려올라갔다. 그러자 적의 궁수들은 화살을 비 오듯 날리며 요새 안으로 물러났다. 화살 세례를 간신히 피해 살아남은 바쿠후 군 병사들은 적진에 이른 뒤에야 비로소 그것들이 인형이라는 사실을 알았다. 이어서 그들은 또 다른 위험과 맞닥뜨렸다. 수비군이 성채 위에서 큰 바위들을 마구 굴려 떨어뜨린 것이다. 옛 기록에 의하면 당시 바쿠후 군 병사 300명 이상이 사망하고 500명 이상이 중상을 입었다고 한다.

그러한 전술들을 통해 마사시게와 그의 부하들은 적군을 10주 동안이나 붙잡아뒀다. 그 기간 동안 나라 전역의 왕당파들은 용기를 내어 바쿠후에 맞서 반란을 일으켰다. 1333년 봄 왕당파들의 대의명분에 힘을 보태줄 더 좋은 소식이 들려왔다. 고다이고 왕이 유형지인 오키 섬에서 탈출한 것이다. 고다이고는 날이 밝기 전 미명의 어둠 속에서 어선을 타고 호키(伯耆) 군으로 달아났으며, 그곳에서 그는 천연요새나 다름없는 후나노에 산에 임시 왕조를 세웠다.

가마쿠라 바쿠후에서는 고다이고 왕을 권좌에 다시 앉히려는 움직임이 일어날까 두려워 아시카가 다카우지(足利尊氏)를 총사령관으로 하는 대군을 서쪽으로 파견했다. 다카우지는 대담무쌍한 장수요 군사정부를 대표하는 가문들 가운데 하나에 속한 고위관리였다. 다카우지의 족보를 거슬러올라가면 가마쿠라 바쿠후를 설립한 미나모토와 이어졌으며, 또 그의 가문은 수많은 결혼을 통해 호조 가의 섭정들과도 긴밀하게 얽혀 있었다. 그러나 다카우지는 영리하고 야심만만한 인물이었으며, 자기 가문 사람들과 마찬가지로 자기네보다 지체가 낮다고 여기는 호조 씨의 득세를 못마땅하게 여겨왔다.

다카우지는 휘하의 군대를 이끌고 서쪽으로 행군하는 동안 중대한 결단을 내렸다. 편을 바꾸기로 한 것이다. 그는 고다이고 왕에게 교토에 있는 바쿠후의 수비군을 공격하려 하니 허락해달라는 밀서를 보냈다. 그는 또 종이쪽에 자신이 편을 바꿨다는 사실을 알리는 내용을 써서 부하들의 상투 속에 감추게 한 뒤, 그들을 전국 각처로 보내 바쿠후에 반기를 들려는 다른 수천 명의 무사를 끌어모았다. 1333년 6월 19일, 다카우지는 고다이고 왕을 받들겠다고 맹세한, 바쿠후 군의 두 배나 되는 군사들을 이끌고 교토에 입성했다. 그들은 시내 전역에 흩어져 곳곳을 휘젓고 다니면서 불을 질렀다. 불타는 집들이 뿜어낸 연기가 도시의 상공을 뒤덮는 광경을 목격한 한 역사 저술가는 이렇게 기술했다. "마치 눈앞의 광경을 먹으로 문질러버린 것만 같았다." 바쿠후 수비대는 간단히 진압되었다.

교토가 점령당하자 마사시게의 요새를 포위했던 병력도 철수했다. 그러면서 바쿠후에 불만을 품은 무장들과 그 휘하의 무사들이 각처에서 반란을 일으켰다. 바쿠후에 반기를 든 사람들 중에는 니타 요시사다(新田義貞)라는 다카우지의 사촌도 끼어 있었는데, 그는 상전들에게 반기를 든 뒤 급하게 그러모은 군대를 이끌고 가마쿠라 바쿠후의 요새로 쳐들어갔다. 패배할 위기에 처한 섭정은 군사령부에 불을 지른 뒤, 200명 이상 되는 친족들과 가신들을 이끌고 한 절로 피신했다. 그들은 항복하지 않고 집단자결하는 편을 택했다.

게릴라 무사 구스노키 마사시게는 영광스럽게도 고다이고 왕의 행렬을 이끌고 교토로 입성하여 왕을 옥좌에 다시 앉히기는 했지만, 배후에서는 다카우지가 잔뜩 기회를 노리고 있었다. 애초에 그가 편을 바꾼 것은 왕을 옥좌에 다시 앉히고 싶어서가 아니라 자신의 야심을 달성하기 위해서였다. 그는 최고 군사지도자인 쇼군이 되고 싶었으며, 미나모토 가의 상속자인 자신에게 응당 그럴 권리가 있다고 믿었다. 그러나 왕이 쇼군의 지위를 자기 아들 모리나가 왕자에게 부여하는 바람에 다카우지는 그보다 낮은 지위를 얻는 것으로 만족해야 했다.

다카우지가 때가 오기를 참을성 있게 기다리는 동안 왕은 예전에 바쿠후가 그랬던 것처럼 자신을 지지해준 무사들을 소홀히 다루는 실수를 저질렀다. 몽골 군의 침략을 격퇴한 뒤의 경우와는 달리 왕에게는 포상으로 하사할 토지가 부족하지 않았다. 패배한 호조 가문 사람들에게서 몰수한 토지가 많아서 왕은 무사들에게 얼마든지 땅을 나눠줄 수 있었다. 그런데도 왕은 그 대부분을 자신을 권좌에 복귀시키는 데 아무 기여도 하지 않은 왕궁의 귀족들에게 나누어주었다. 왕은 무사계급이 심한 소외감을 느낀다는 사실을 깨닫지 못하고, 그들이 마사시게처럼 승리 후에 따라오게 마련인 전리품을 얻기 위해서가 아니라 오로지 자신에 대한 충성심에서 싸웠다는 환상에 사로잡혀 있었다.

무사들의 불만이 고조되자 다카우지는 또 다시 편을 바꿨다. 1334년 후반에 이르러 사건이 연이어 터졌다. 먼저, 다카우지를 제거하려는 음모를 꾸미던 모리나가 왕자가 가마쿠라에 있는 다카우지의 동생에게 체포되어 감옥에 갇혔다. 고다이고가 아들의 구명 노력을 하지 않아 이듬해에 왕자는 처형당하고 말았다. 1335년 8월, 옛 바쿠후 군의 남은 세력이 가마쿠라의 옛 본부를 탈환했다. 그러자 다카우지는 왕의 허락도 구하지 않고 군대를 가마쿠라에 보내 그들을 토벌했다. 그는 교토로 돌아오라는 왕의 명령을 무시하고, 제 마음대로 쇼군 자리에 올라 몰수한 토지를 자신의 추종자들에게 나눠주기 시작했다. 이듬해 초, 그는 '왕실의 적' 인 자신을 벌하기 위해 파견된 왕의 군대를 무찔렀다. 그리고 나서 그는 왕에게 앙갚음하기 위해 교토로 진격했다. 교토에서 그는 왕을 몰아내는 데 성공했다. 그러나 사흘 뒤 마사시게와 왕의 충성스러운 장군들이 이끄는 군대가 다카우지를 수도에서 몰아냈다.

다카우지는 그 어느 때보다도 마음을 굳게 다져먹고 규슈로 가기 위해 서쪽으로 달아났다. 그렇게 피신하는 동안 그는 문민통치를 회복시킨 왕의 처사에 실망한 무장들과, 아무 보상도 받지 못한 채 전투에

중세시대에는 무관들이 배우의 뛰어난 연기나 매력에 감동할 경우 자신이 입던 아름다운 옷을 배우에게 선사하는 것이 관례였다. 그러면 배우는 그 옷을 보관하거나 연기할 때 입었다. 옷 전체를 얇은 금붙이로 장식한 이 아름다운 비단 고소데(小袖)는 아마 16세기 무사의 옷이었을 것이다.

| 노(能)의 영원한 예술성 |

14세기 일본의 전통 연극인 노에서 고뇌에 찬 인물의 한 전형인 소토바 고마치(卒都婆小町)는 이렇게 노래한다. "나는 뿌리 뽑힌 갈대처럼 외롭네 / 시냇물이 나를 유혹한다면 / 기꺼이 따라가고 싶다네." 고도로 양식화된 드라마인 노의 공연은 음악과 춤과 시와 의상이 한데 어우러져 고대 무사들과 혼령들, 과거에 사로잡힌 여성들의 비극적인 이야기들을 엮어냈다. 옛 시대의 민속설화와 종교적인 춤이 혼합된 형태에서 세월의 흐름과 더불어 점차 발전한 노는 14,5세기의 극작가 겸 배우였던 간아미 기요쓰구(觀阿彌淸次)와 그의 아들 제아미 모토키요(世阿彌元淸)의 음악과 극본에 이르러 그 고전적인 형식을 제대로 갖췄다. 쇼군과 다른 고위 무장들은 그 양식화된 공연과 그 저변에 깔린 불교적 주제들에 매혹되어 자주 노의 공연을 후원했다.

전원 남성들로만 이루어진 노의 배우들은 사실상 아무 장치도 없다시피 한 빈 무대 위에 자리잡은 합창단의 노래, 그리고 피리 부는 이들과 북 치는 이들이 간간이 들려주는 음악에 맞춰 대사를 낭송했다. 배우들은 느리면서도 정연한 스텝을 밟아가며 아주 정교한 안무에 따라 움직였다. 일부 배우들은 궁중 여성, 무사, 귀신이나 혼령의 모습을 그리거나 조각한 나무 탈을 썼다. 숙련된 배우는 고개를 살짝 쳐들거나 숙임으로써 탈에 다양한 음영이 깃들게 하여 미움과 격노, 연민과 사랑에 이르는 다양한 감정을 전달할 수 있었다.

편백나무를 깎아 만든, 이빨이 검고 이마 위 높은 곳에 눈썹을 그린 15세기의 이 탈은 당시 궁중 사람들이 생각한 이상적인 아름다움을 반영한다. 궁중의 남녀 모두 이빨을 검게 물들였지만, 눈썹을 밀고 그보다 훨씬 위에 새 눈썹을 그리는 것은 여성들만 했다.

나라의 특별한 행사 때 왕궁 마당에 설치한 가설무대에서 탈을 쓴 배우가 연기하는 장면을 그린 17세기의 한 병풍 그림. 합창단과 연주자들이 황금빛 병풍 앞에 앉아 있다.

싫증이 난 무사들을 끌어모았다. 1336년 5월, 그는 대군을 이끌고 동쪽으로 방향을 돌렸다. 그는 왕의 군대와 결판을 벌일 각오가 되어 있었다.

전장은 교토에서 80km가량 떨어진, 오늘날의 고베(神戸)에 해당하는 효고(兵庫)에 위치해 있었다. 다카우지는 군대를 둘로 나눠서 자기 휘하의 군대는 뱃길로, 형제들이 지휘하는 군대는 뭍으로 진격하기로 결정했다. 왕의 군대의 총사령관인 니타 요시사다는 구스노키 마사시게가 이끄는 역전의 용사들까지 포함해 동원할 수 있는 병력은 모조리 끌어모아야만 했다. 왕이 마사시게에게 효고에 있는 자신의 군대에 합류하라고 지시하자 마사시게는 그 전략에 반대했다. 마사시게는 다카우지의 군세가 왕의 군세보다 훨씬 더 막강하다는 것을 잘 알고 있었다. 그는 수적으로 우세한 적과 결정적인 전투를 치르기보다는 공고 산에 있는 옛 거점으로 물러나 부대를 보강하려 했다. 그는, 필요하다면 다카우지에게 교토를 내주자, 그렇게 되더라도 자기가 적의 보급선을 차단해서 다카우지를 무너뜨릴 수 있다고 주장했다. 그러나 많은 조신들이 그 작전에 반대하고, 자신의 병력이 실제보다 훨씬 더 강하다고 생각한 왕은 깊이 생각해보지도 않고 마사시게의 작전을 곧바로 물리쳐버렸다. 이에 마사시게는 어쩔 수 없이 휘하 병력을 이끌고 효고로 갔다.

전해내려오는 이야기에 따르면, 당시 마사시게는 열 살 난 아들 마사쓰라를 곧잘 데리고 다녔다고 한다. 아들을 집으로 돌려보내면서 마사시게는 앞으로 벌어질 전투에서 자기는 죽을 것이라고 말했다. 그리고 그는 아들에게 병서 한 권과 왕에게 하사받은 검을 주면서 이렇게 말했다. "전투에서 내가 죽었다는 소식이 들려오면 이 나라가 결국 쇼군 통치의 시대로 접어들었음을 알게 될 것이다." 그러고 나서 아들에게, 그럴 경우 살아남은 왕의 군대와 함께 공고 산으로 물러나 마지막까지 왕을 위해서 싸우겠다는 서약을 하게 했다.

그 시대의 기록들에 의하면, 1336년 7월 5일에 벌어진 미나토 강(湊川) 전투에서는 다카우지 군 3만 5,000명과 그 숫자의 반밖에 안 되는 왕의 군대가

자신이 아시카가 다카우지와의 전투에서 최후를 맞이하리라는 것을 예감한 구스노키 마사시게(가운데)는 전장으로 가던 길을 잠시 멈추고 자신에게 공손히 절하는 어린 아들 마사쓰라에게 작별을 고한다. 마사시게는 아들에게 이렇게 말한다. "앞으로 치를 전투는 우리 나라의 운명을 결정할 것이다. 그리고 내가 이승에서 네 얼굴을 보는 건 이번이 마지막이 될 것이다." 아버지가 고다이고 왕에게 충성을 다하라고 당부하자 마사쓰라는 그렇게 하겠다고 약속한다. 그리고 그로부터 12년 뒤 그는 아버지와의 약속을 이행하다가 죽음을 맞는다.

맞붙었다고 한다. 니타 요시사다 군이 배를 타고 온 다카우지 군과 결전을 벌이는 동안, 마사시게 군은 강의 백사장을 등지고 육지군과 접전을 벌였다. 오후 늦은 시각이 되었을 때 요시사다가 자기편이 배후에서 공격받을 가능성을 염려하여 갑자기 퇴각하는 바람에 마사시게 군은 그대로 양쪽에서 적의 협공을 당하는 처지에 몰렸다. 마사시게 군은 찌는 듯한 무더위 속에서 앞뒤로 몰려오는 적군과 필사적으로 싸웠으나 이길 가능성은 점점 더 희박해졌다. 저녁 무렵이 되었을 때, 그는 휘하 병력의 대부분을 잃었고 살아남은 부하들도 대부분 중상을 입었다.

그와 동생 마사스에는 적군의 포로가 되지 않으려고 근처의 한 농가로 피신했다. 전투에서 패배한 사무라이답게 자결 준비를 하는 동안 마사시게는 동생에게 마지막으로 바라는 게 무엇이냐고 물었다. 그러자 마사스에는 이렇게 말했다. "일곱 번이라도 이승에 다시 태어나 저 왕실의 적들을 기필코 격멸하고 싶습니다." 한 자료에 의하면, 할복한 형제는 서로의 몸을 검으로 찌른 뒤 한 베개를 베고 누워 죽었다고 한다. 할복은 사무라이들의 전통적인 자살 방식이었다. 대단히 고통스럽게 죽어가는 방식임에도 사무라이들은 큰 용기를 지닌 사람들만이 그렇게 할 수 있다고 여겨 그 방식을 즐겨 택했다. 게다가 일본인들은 배를 육체와 정신의 중심이라 여겼다. 하지만 여성들이 자결할 때는 대개 목을 찔렀다.

마사시게의 삶과 죽음은 고결하고 비극적인 실패라는 일본식 전통에 딱 들어맞았으며, 역사가들은 그를 일본 민중의 가장 위대한 영웅들 가운데 한 사람으로 손꼽았다. 반면에 승리한 다카우지는 희대의 악당으로 매도당했다. 그러나 다카우지는 몰인정한 사람이 아니었다. 그는 불교의 관세음보살에게 그 모든 유혈참사에서 자신이 저지른 일들을 용서해달라고 빌었다. 그리고 미나토 강 전투 뒤에 그는 마사시게의 머리를 수습해서 그 가족에게 보내도록 했다. '마사시게의 미망인과 자식이 시신이라도 다시 보고 싶으리라'는 점을 알고 경의를 표하려는 마음에서 그렇게 한 것이다.

다카우지는 의기양양하게 교토에 다시 입성하여 왕가의 다른 당파에 속한 15세 소년을 왕위에 앉혔다. 다카우지는 쇼군이 되고 싶었고 사실상 비공식적으로 그 자리에 오른 것이나 다름없었지만, 그로부터 2년 뒤 젊은 왕이 공식적으로 그에게 쇼군의 지위를 제수하고 나서야 비로소 뜻을 이루었다. 그는 아시카가 가문이 배출한 15명의 쇼군 가운데 첫 번째 쇼군이었다. 이 새로운 무로마치(室町) 바쿠후는 가마쿠라 바쿠후와 마찬가지로 왕의 이름으로 일본을 통치했다. 그러나 그들은 나라를 안정시키는 데 실패하여 그 후 200여 년에 걸친 혼란기가 찾아왔다.

50년이 넘도록 한 나라에 두 왕이 존재하는 이상한 상황이 빚어지면서 투쟁과 갈등은 끊이지 않았다. 고다이고는 자신의 폐위 사실을 부정하고 교토 남쪽으로 100km 남짓 떨어진 요시노(吉野)의 산악지대로 피신했다. 거기서 그는 자신의 왕조를 세웠고, 그 뒤를 이어 후계자들이 연달아 왕위에 올랐다. 그렇게 해서 일본에는 교토에 자리잡은 북조의 왕과 요시노에 자리잡은 남조의 왕, 이렇게 두 왕이 존재하게 되었다.

무사들과 무장들은 이념이나 충성심보다는 그저 개인적 이익이나 가문의 이익을 고려하여 어느 한쪽 왕을 지지했다. 순교한 영웅 구스노키 마사시게의 아들의 경우는 두드러진 예외에 속했다. 1347년, 마사쓰라는 아버지의 마지막 유지를 받들려는 마음에서 고다이고 왕의 직계 상속자가 거느린 남조군의 총지휘관직을 맡았다. 그러나 다른 가문들에서는 한 집안 사람들이 서로 갈라져 싸우는 경우가 적지 않았고, 때로는 어느 쪽이 승리하든 항상 승리한 편에 붙기 위해 일부러 그렇게 하기도 했다.

아시카가 가의 경우 집안 내부의 긴장 관계와 증오심 때문에 충성심을 바꾸는 경우가 나오기도 했다. 다카우지의 동생 다다요시(直義)는 남조로 넘어갔으며, 그 때문에 쇼군은 부하들을 시켜 그를 처단하게 했다. 그 사건 이후에 다카우지의 아들도 남조로 넘어갔다. 남조군은 북조의 수도 교토를 네 번이나 점령했지만 끝내 그곳을 수중에 넣지는 못했다. 그러다 1392년에 이르러 아시카가 가 출신의 세 번째 쇼군이 술책을 써서 남조를 북조에 흡수 통합시켰다. 그는 앞으로 왕가의 두 당파 출신 왕들을 번갈아 왕위에 앉히는 옛 정책으로 돌아가겠다고 약속함으로써 남조의 왕을 폐위시켰으나, 내심으로는 그 약속을 지킬 생각이 전혀 없었다.

세월이 흐르면서 아시카가 쇼군들은 군사업무는 소홀히 하고 궁중귀족들처럼 생활하고 처신하는 데 더 많은 관심을 쏟았다. 다카우지가 권력을 잡고 나서 150년 뒤에 바쿠후의 수장이 된 아시카가 요시마사(足利義政)는 그러한 경향의 전형이라 할 만한 인물이었다. 지방에서 영주들이 서로 각축을 벌이는 동안 요시마사는 요란하고 사치스러운 궁중연회를 주재하는 일로 소일했다. 그는 정교한 다례 행사를 후원했으며, 그런 모임에서는 비슷한 미적 감각과 취향을 지닌 친구들이 모여 차를 마시고 주인이 보여주는 예술품들을 칭송했다. 그의 후원으로 섬세한 수묵화 같은 미술 양식과 노(能)라는 정교한 가무극이 번성했다. 그러나 이러한 사치와 향락을 뒷받침하기 위해 거둬들인 과중한 세금은 농민들을 파산상태로 몰아넣었고, 굶주린 농민들은 급기야 반란을 일으키지 않을 수 없었다. 게다가 요시마사가 자기 아내와 어머니와 후궁들에게 마음에 들지 않는 칙령들은 거부해도 좋다고 허락하는 바람에 정부의 기능은 사실상 마비되고 말았다.

요시마사가 근 30년간 그런 식으로 나라를 통치하다 퇴위하기로 결정할 즈음 일본은 마침내 본격적인 대혼란에 빠져들었다. 그때 그는 자기 동생을 후계자로 정했다. 그런데 그의 아내가 아들을 낳으면서 아기를 쇼군으로 임명해달라고 요구했다. 1467년, 상속권을 둘러싼 갈등은 격렬한 내전을 불러일으키는 불씨가 되었다. 싸움은 수도의 안팎에서 벌어져 교토의 대부분을 파괴하는 결과를 빚고 급기야 지방으로 번져나갔다. 교토의 거리에는 시체가 산을 이뤘고, 양진영에서는 수많은 머리를 전리품으로 수집했다. 교토 시민들의 상당수는 그곳에서 탈출했다. 5개월에 걸친 싸움이 끝난 뒤 바쿠후의 한 관리는 이렇게 말했다. "영원히 영화를 누리리라 여겼던 수도가 이제는 놀랍게도 늑대와 여우의 소굴이 되어버렸구나." 그는 한 단시에서 이렇게 개탄했다. "예전에 알았던 그 도시는 이제 적막한 황야가 되었구나. 황야에 저녁 종달새가 날아오르는 것을 보노라니 눈물만 흐르도다."

그렇게 해서 100년간에 걸친 투쟁의 시대, 이른바 센고쿠(戰國) 시대의 막이 올랐다. 일본은 사실상 자치령이라 할 수 있는 수십 개의 영지로 조각났다. 각 영지는 다이묘(大名)라 부르는 막강한 지방 호족들이 다스렸다. 다이묘들은 마음대로 법을 제정하고, 사무라이 출신의 가신들을 거느리고 요새 도시를 건설하였으며, 이웃 다이묘들과 전쟁을 벌였다. 많은 무사들이 구스노키 마사시게의 극적인 충성심과 의무라는 미덕을 고수한 반면, 어떤 무사

농부들이 마을 촌장의 집에서 쌀가마를 부리는 장면. 일본 농부들은 해마다 내야 할 세금을 기본 통화 구실을 한 쌀로 치렀으며, 촌장들은 다시 그 쌀을 영주에게 바쳤다. 농부들은 자기가 수확한 곡식을 조금밖에 못 가졌으며, 전보다 더 많은 세금을 거둬들인 아시카가 쇼군 치하에서는 그 몫이 훨씬 줄어들었다.

들은 자기 주군에게 도전하거나 다카우지처럼 마음대로 편을 바꾸곤 했다.

1568년 11월 9일, 여윈 몸집에 성긴 턱수염을 기른 오다 노부나가(織田信長)라는 무장이 정연하게 늘어서서 행군하는 보병과 기병의 선두에 서서 교토에 입성했다. 그의 곁에는 아시카가 가문의 한 사람이 말머리를 나란히 하고 나아갔다. 사람들에게 익숙해진 이 장면에서 아시카가 요시아키(足利義昭)는 사촌을 쇼군 직에서 몰아내고 자신이 15대 쇼군 자리에 앉을 야심을 품고 교토에 입성했다. 노부나가는 그의 사촌을 비호하는 무장들을 무력으로 제압하여 그를 돕겠다고 약속했다. 그러나 노부나가는 이미 통치력을 상실한 지 오래인 아시카가 가문을 뒷받침하는 일에는 아무런 관심이 없었다. 그는 그저 쇼군 직의 정통성을 이용해서 자신의 열망을 달성하려는 마음뿐이었다. 그의 열망을 한마디로 집약한 말이 바로 그의 개인 인장에 새겨진 '천하포무(天下布武)'였는데, 이것은 '무력으로 천하를 다스린다'는 뜻이었다.

조각조각 분열된 나라를 하나로 통일하겠다는 뜻을 품은 지방 다이묘는 노부나가 한 사람만이 아니었다. 그러나 34세의 그는 혁신적인 군사 전략가요, 예민한 미적 감수성과 무자비한 잔인성이 묘하게 혼합된 인물이었다. 그는 전투에 나서기 전에 삶의 덧없음을 노래하는 아름다운 시가를 읊으며 전통 춤을 한바탕 추곤 했다. 그러나 일단 전장에 돌입하면 적들을 마구잡이로 학살한 것은 물론이요, 심지어는 산 채로 태워죽이기도 했다. 그는 일본 왕실의 권위와 정치권력의 터전인 전통적인 수도 교토를 장악함으로써 '센고쿠 시대'를 끝장내고 통일을 향한

여성 사무라이

남성 사무라이만 있는 것은 아니었다. 여성들도 남자 형제들처럼 사무라이 신분을 상속받았다. 그러나 여성들이 전장에 나가는 경우는 극히 드물었다. 그 예외가 된 여성은 도모에 고젠(巴御前)으로, 그녀는 12세기에 미나모토 가의 주군을 위해서 전장에 나갔다. 그녀는 막강한 적과 맞서 싸우다 적에게 몸을 날려 "격투를 벌인 뒤 그를 말 등에서 끌어내리고… 목을 벴다."

대부분의 여성 사무라이들은 후방에 남아 가족의 소유지를 돌봤다. 그들은 군사훈련을 통해 한쪽에 60cm의 날이 달린 나기나타의 사용법을 배웠다. 집안이 공격받을 경우 여성들은 죽기를 각오하고 침략자들과 맞섰다. 둥글게 휘어지고 한쪽에 예리한 날이 선 나기나타는 말 다리를 베거나 무사의 다리에 치명적인 타격을 가할 수 있었다.

이 여성들은 남편 못지않게 명예와 정절을 중시했다. 유명한 무장 오다 노부나가는 "하늘 아래 가장 아름다운 여성"이라는 칭송을 들은 누이동생 오이치(오른쪽)를 일시적인 평화를 유지하기 위한 방편으로 두 번씩이나 적에게 시집보냈다. 그녀의 첫 남편은 평화 관계가 결렬되면서 오빠의 공격을 받아 사망했다. 두 번째 남편 역시 오빠의 부하 도요토미 히데요시에게 공격을 받자, 오이치는 딸들을 안전한 곳으로 피신시키지만 자신은 떠나기를 거부했다. 자기편이 적군에게 패배하리라는 것이 확실해지자 오이치는 남편과 함께 자결함으로써 남편에게 사랑과 정절의 마지막 증거를 보여주었다.

힘찬 첫걸음을 내디뎠다. 그는 일본 최고의 무장 두 사람의 도움을 받아 더 큰 도약을 이룰 터전을 마련했으니, 도요토미 히데요시(豊臣秀吉)와 도쿠가와 이에야스(德川家康)가 바로 그들이었다. 도요토미 히데요시는 비천한 가문 출신의 일개 보병에서 출발했고, 도쿠가와 이에야스는 한때 노부나가의 적이었으나, 훗날 노부나가와 히데요시가 사망한 뒤 통일과업을 완수했다.

교토에서 동쪽으로 120km가량 떨어진 나고야에서 태어난 노부나가는 오와리(尾張)라는 작은 현을 다스리던 야심만만한 영주의 아들이었다. 젊은 시절에 노부나가가 워낙 망나니이다 보니 가문의 오랜 가신 한 사람은 그가 행실을 바로잡기를 바라며 자결하기도 했다. 1551년, 아버지가 사망하자 노부나가는 점차 확장되어가는 영지의 관리책임을 맡게 되었다. 가문의 몇몇 친척은 그가 영주의 자리에 오르는 데 반대했다. 그러자 20세가 채 되지 않은 노부나가는 1,000명의 군사를 일으켜 정적들을 무력으로 제압하는 것으로 응수했다. 이 싸움에서 죽은 사람들 가운데는 아버지의 형제와 자기 동생도 있었다. 20대 후반이 되었을 때 이 무자비한 무사는 오와리 현의 대부분을 장악했다.

이제 노부나가의 목표는 자신의 뛰어난 군사전략과 소수의 군대를 잘 활용하여 이웃 무장들의 침입을 막는 데 모아졌다. 이웃의 다이묘들 가운데 가장 야심만만한 자는 이마가와 요시모토(今川義元)였다. 그의 영지는 오늘날의 도쿄에서 남서쪽으로 88km 떨어진 스루가(駿河)에 있었다. 요시모토는 진작부터 노부나가 집안의 불화와 알력을 은근히 부채질해왔다. 1560년 6월, 요시모토는 2만 5,000명의 대군을 이끌고 노부나가의 영지 오와리

금박을 입히고 옻칠을 한 이 응접실은 1624년 도쿠가와 이에야스의 손자 이에미쓰(家光)가 교토의 니조 성 안에 지은 니노마루 궁의 한 방이다. 구불구불한 소나무 그림이 맞은편 벽을 다 차지하고 있다.

17세기에 제작된 병풍을 장식한 이 그림(오른쪽)에서는 황금빛 구름 속에서 새들이 나뭇가지에 앉아 있고, 화려한 깃털을 자랑하는 수탉들이 황금빛 마당을 유유히 활보하는 광경이 보인다.

| 실내의 자연 |

일본의 무장들은 왕실을 능가할 만큼 점차 부유해지면서 전쟁에서 문화적 취미 쪽으로 관심을 돌렸다. 16세기 말 도쿠가와 이에야스의 자문관 가운데 한 사람은 이렇게 물었다. "고즈넉한 예술과 군사기술을 겸비하지 않는다면 어떻게 우리가 계급과 지위에 걸맞은 의무를 다할 수 있겠는가?" 다이묘들과 쇼군들은 크고 화려한 성을 짓고 값비싼 물건들로 그 안을 채웠다. 그리고 그들은 화가들을 위촉해서 미닫이문 장식과 안방의 병풍 장식을 주문했다.

15세기 말과 16세기 초에 활동한 화가 가노 마사노부(狩野正信)로부터 이어져 내려온 가노 파(狩野派)의 화가들은 중국의 수묵화 양식과 일본의 장식적인 기법을 융합한 솜씨 덕에 주문의 대부분을 독점하다시피 했다. 가노 파 화가들은 흔히 변화하는 계절 속 자연을 단골 주제로 하여 금박 입힌 화려한 바탕에 온갖 동식물을 아름답고도 정밀하게 묘사한 벽화들을 제작했다.

를 침공했다. 노부나가는 침략자들이 오와리 현 남동쪽에 진을 쳤다는 보고를 들었다. 그곳은 그가 소년 시절에 제 집 마당처럼 뛰놀았던 좁은 골짜기였다. 그는 3,000명도 안 되는 군사를 이끌고 좁은 산길을 따라가다 한 산등성이에 매복했다. 적군이 그 이전의 작은 승리들을 축하하고 있을 때 갑자기 폭우가 쏟아졌다. 그리고 조금 후 하늘이 개자 오다 군은 질풍같이 골짜기로 달려내려가 이마가와 군을 궤멸시키고 수장인 요시모토의 목을 베었다.

일본사에서 이 싸움은 획기적인 전기(轉機)가 된 중요한 전투였다. 하루아침에 국가적인 주요 인물로 부상한 노부나가는 영지의 경계선 너머를 넘보기 시작했다. 그는 미카와(三河) 현 동쪽에 자리잡은 도쿠가와 이에야스와 동맹을 맺었다. 그 동맹 덕에 노부나가의 동쪽 전선은 든든하게 지켜졌으며, 그러한 상황은 그가 사망할 때까지 그대로 지속되었다. 노부나가는 자신의 딸과 누이를 인접한 다른 두 영지의 영주들과 결혼시킴으로써 측면의 두 전선 역시 안정시켰다. 그러나 교토를 향해 서진할 즈음, 노부나가는 오로지 자신이 길러낸 새로운 형태의 군대에만 의존할 수밖에 없었다. 새로운 전술과 현대적인 무기들은 노부나가의 작지만 대단한 잠재력을 지닌 군대를 획기적으로 변모시키고 있었다. 이 무렵 그는 새로운 보병 개념과 더불어 등장한 아시가루(足輕)라는 경무장 보병을 폭넓게 활용했다. 장창으로 무장한 그들은 기마병보다 훈련시간과 지원물자가 훨씬 적게 들었으며, 주로 농민들 가운데서 선발했다. 이 보병은 일본인들의 전투 양상을 사무라이들 사이의 개인적인 접전에서 수백 년 전에 몽골 인들이 그랬던 것처럼 군대의 집단적인 접전으로 변화시키는 데 획기적인 역할을 했다. 노부나가는 자신의 경무장 보병을 길이가 무려 6.3m나 되는 장창으로 무장시키고 그들을 효율적으로 움직이는 밀집대형으로 배치함으로써 이러한 추세를 선도해나갔다.

노부나가는 또 자신의 보병을 훨씬 더 혁신적인 무기, 곧 화승총으로 무장시키기 시작했다. 일본인들은 13세기의 몽골 군 침입 때 화약의 효과를 톡톡히 맛보았다. 그러나 총기는 1543년, 중국의 정크선 한 척이 포르투갈의 탐험가 세 사람을 태우고 규슈 남쪽에 있는 작은 섬 다네가시마(種子島)에 도착했을 때 처음 들어왔다. 그 포르투갈 사람들 가운데 두 명은 화승총을 들고 있었는데, 다네가시마의 영주가 그 총기들을 구입했다. 그후 일본인들은 이내 화승총을 직접 제조하기 시작했다. 갑자기 출세한 노부나가 같은 신흥 무장들은 노련한 사무라이들로 이루어진 대부대를 아직 꾸리지 못한 터라 총기가 들어온 초창기에 그런 총기를 열심히 사들였다. 노부나가는 화승총으로 무장한 농부를 몇 주만 훈련시키면 가장 노련한 사무라이와도 능히 대적할 수 있다는 것을 알았다.

노부나가는 신종 무기와 전술과 확고한 결단력에 힘입어 1568년에는 교토로 상경할 길을 열었다. 교토에 입성한 그는 군대를 엄격한 규율에 따라 행동하게 함으로써 시민들의 안전을 보장했고, 그 덕에 궁중 귀족들의 지지도 얻었다. 그는 왕을 무시했고, 1573년에는 자신이 교토를 장악할 때 앞잡이로 이용한 아시카가 가의 마지막 쇼군까지 몰아냈으나 자신이 쇼군의 자리에 앉지는 않았다. 그는 공경(公卿)의 지위를 받아들여 교토와 아울러 일본 중앙부의 부유한 현 열두어 곳을 지배했다. 그러나 그는 가문의 이익보다 일반 백성의 이익을 더 중시함으로써 많은 이들의 존경을 받았다.

노부나가는 종교적인 사람은 아니었다. 하지만 포르투갈에서 온 예수회 선교사들은 그 잔혹한 무장이 자기네에게 상당히 호의적이라는 것을 알았다. 그는 예수회 사람들의 지혜와 용기를 공개적으로 칭찬했고, 선교사들은 그가 자기들의 사업을 후원해주는 것에 깊이 감사했다. 그렇게 해서 노부나가의 생전에 예수회 사람들은 일본에 200여 곳의 성당을 세우고 적어도 15만 명의 일본인을 그리스도 교도로 개종시켰다. 교토에 머물던 루이스 프로이스(Luis Frois) 신부는 어느 날 노부나가가 허름한 옷에 호랑이 가죽으로 만든 망토를 걸치고 여기저기를 활보하며 성 쌓는 작업을 감독하는 광경을 지켜보았다. 프로이스는 이렇게 술회했다. "그는 일본의 모든 영주들과 귀족들을 경멸하고 함부로 대했다. 그는 마치 영주들과 귀족들이 천민이나 되는 양 어깨 너머로 돌아보며 퉁명스럽게 쏘아붙이곤 했다. 그는 우주의 창조자, 영혼불멸, 사후의 삶 같은 것은 없다고 공개적으로 선언했다."

노부나가는 불교도를 미워했으므로 예수회 사람들에게 호의를 베풀었다. 그는 불교 계통의 여러 종파와 승병, 그리고 호전적인 농민조직들을 막강한 다이묘들 못지않게 자신의 가장 위험한 적수로 여겼다. 1571년, 교토 시가 한눈에 내려다보이는 히에이(比叡) 산에 위치한 덴다이 사(天臺寺)에서 노부나가의 적 몇 사람에게 피난처를 제공하자 노부나가는 3만의 병력으로 산을 포위하게 했다. 가신 두 사람이 그 절은 일본에서 가장 성스러운 곳 가운데 하나이며, 그 절의 승병들은 지난 800년 동안 왕궁의 수호자 역할을 해왔다고 노부나가에게 충고했다. 그러나 노부나가는 아랑곳하지 않았다. 절의 승려들이 포위망을 풀어주면 금괴 수백 개를 바치겠다고 해도 마찬가지였다. 가을 어느 날, 노부나가의 부하들은 질서정연하게 공격을 개시하여 해발 840m가량 되는 산 정상까지 올라가 절에건 신사에건 불을 놓고, 그곳에 피신했던

이들을 남녀노소 가리지 않고 닥치는 대로 죽여서 무려 3,000명이 참살당했다. 어느 한 목격자는 이렇게 썼다. "온 산이 도살장이 되었고, 차마 눈 뜨고 볼 수 없는 끔찍한 광경이 펼쳐졌다."

그러나 노부나가가 노상 승리만 한 것은 아니었다. 1570년 이래 그의 군대는 교토 남부, 즉 오늘날의 오사카 근방에 근거를 둔 또 다른 불교 종단에서 일으킨 몇 차례의 반란을 제대로 진압하지 못했다. 사람들에게 깊은 종교적 열정을 고취시켜온 호전적인 정토종(淨土宗)은 많은 농민과 가난한 사람들을

이 병풍 그림에서는 1575년 나가시노(長篠) 전투에서 오다 노부나가와 도쿠가와 이에야스의 화승총 부대(왼쪽)가 검을 휘두르며 돌진하는 전통적인 무사들과 맞서는 장면이 보인다. 이때 사용된 총포들은 수많은 인명을 살상했고 일본의 군사전술과 장비를 변화시켰다.

끌어들여 조직적인 군대를 양성했다. 1574년, 노부나가는 그들을 기필코 진압하겠다고 결심하고는 나가시마(長島)에 있는 정토종 산하의 절 한 곳을 공격했다. 노부나가 군은 바다 쪽에서 대구경 머스킷 총을 쏘아대는 해적들의 도움을 받았음에도 다섯 곳의 성채 가운데 세 곳을 점령하는 데만 한 달 이상 걸렸다. 그러자 노부나가는 "모든 산과 골짜기에서" 그 종파를 싹 쓸어버리겠다고 맹세하고는 남은 두 성채 주위에 방책을 세우라고 명령했다. 이어서 그 무자비한 무장은 그 방책에 불을 지르게 함으로써 그 안에 갇힌 2만 명을 산 채로 태워죽였다.

이러한 잔혹한 처사로 인해 정토종의 반란은 진압되었으나, 그렇다고 해서 그들이 완전히 굴복한 것은 아니었다. 1575년 초, 노부나가가 그 과업을 완수하기도 전에 옛 적이자 지금은 동맹자가 된 동쪽의 영주 도쿠가와 이에야스가 도움을 요청해왔다. 동쪽에 포진한 노부나가의 오랜 적수들 가운데 한 명인 다케다 신겐(武田信玄)의 아들 다케다 가쓰요리(武田勝賴)의 군대가 미카와 현의 이에야스 본성을 포위하는 바람에 이에야스는 꼼짝없이 갇힌 신세였다. 노부나가는 상당수가 화승총으로 무장한 3만 8,000명의 원군을 이끌고 갔다. 그는 천재적인 전술능력을 발휘하여, 저 유명한 다케다의 기마군을 막기 위해 목조방책을 세우고 3,000명의 화승총 부대를 포진시켰다. 화승총을 장전하는 데는 시간이 꽤 걸렸기 때문에 노부나가는 사수들을 3열 횡대로 배치했다. 그리하여 한 열이 사격할 때 다른 두 열은 장전하는 식으로 쉬지 않고 사격을 하라고 명령했다. 그렇게 해서 네

차례에 걸쳐 돌격해온 적의 기마부대는 연속적인 일제사격으로 추풍낙엽처럼 쓰러졌다. 노부나가의 소총부대는 한 번에 약 10초씩 일제사격을 가했고, 그런 막강한 화력에 다케다 군은 1만 명 이상이 궤멸당했다.

노부나가는 다른 면에서도 창의적이고 혁신적이었다. 예컨대, 태평양 쪽의 한 절에 세워진 요새를 공격할 때 노부나가는 작은 대포들을 싣고 철갑으로 뱃전을 두른 배들을 사용했다. 그리고 성 한 채를 짓기로 결정했을 때, 그는 사방에 드넓게 펼쳐진 숙소들과, 중앙 요새가 7층 높이로 우뚝 솟은 일본 최대의 성을 지었다. 그러나 그는 그 성의 호화로운 침실에서 죽을 운명이 못 되었다. 1582년, 그는 교토에 머무는 동안 자신이 거느린 유력한 장군 한 사

궁중 사람들이 높은 누각에 앉아 활짝 핀 벚꽃(왼쪽과 오른쪽) 밑에서 사람들이 봄철을 맞아 흥겹게 춤추는 광경을 구경하고 있다. 섭정 도요토미 히데요시는 전황이 소강상태에 빠지거나 관리들의 긴장이 너무 높아지면 왕궁에서 종종 흥겨운 가무극이나 다회, 연회를 열곤 했다.

람에게 살해당했다. 프로이스 신부의 말대로 노부나가는 쉽게 죽지 않았다.
"무사들은 그를 발견했고 이내 누군가가 화살로 그의 옆구리를 쏘아 맞혔다.
노부나가는 화살을 뽑아버리고 큰 낫처럼 생긴 날이 긴 창 나기나타(薙刀)를
들고 뛰어나왔다. 그는 얼마 동안 암살자들과 싸우다가 팔에 총을 맞은 뒤
자기 방으로 물러나 문을 닫아걸었다. 누군가는 그가 할복했다고 말한다. 하
지만 다른 이들은 그가 궁에 불을 질러서 타 죽었다고 믿고 있다. 현장에는
먼지와 재만 남았을 뿐 머리카락 한 올도 눈에 띄지 않았다. 우리가 아는 것
은 그뿐이다."

노부나가의 수석 무장인 도요토미 히데요시는 즉각 주군의 죽음에 앙갚음
한 뒤 권력을 잡았다. 평민 출신의 히데요시는 오와리에서 노부나가 군대의
하인으로 출발하여 남다른 용맹성과 뛰어난 책략으로 승진을 거듭했다. 그의
뛰어난 지략은 가히 전설적이었다. 한번은 그가 어느 성을 포위 공격하면서

부하들을 시켜 강물과 빗물의 흐름을 바꾸었다. 그 결과 적군은 강물이 범람하여 몰살당할 뻔했다.

히데요시는 노부나가에 결코 뒤지지 않는 군사적 통찰력을 지녔을 뿐만 아니라 설득과 타협과 회유의 가치도 잘 알고 있어서, 그 기술들을 능수능란하게 구사했다. 히데요시는 일본 중앙에 있는 노부나가의 권력기반을 그대로 유지하기 위해 옛 동맹자 몇몇을 무력으로 진압해야 했다. 히데요시는 옛 동맹자들 가운데 가장 강력한 도쿠가와 이에야스와 두 번이나 싸웠음에도 끝내 그를 굴복시키지 못했다. 그리하여 그는 이에야스에게 일본 동부의 영지에 대한 독자적인 지배권을 주고, 자기 누이를 이에야스와 결혼시켰다. 그는 또 휴전협정에 대한 이에야스 측의 불안감을 불식시키고자 자기 어머니를 이에야스에게 볼모로 내주기까지 했다. 히데요시는 뛰어난 솜씨로 당근과 채찍을 교대로 사용하며 서쪽의 규슈에서 동쪽의 여러 현에 이르는 일본 땅 전체를 장악함으로써 스승 노부나가의 꿈을 실현시켰다. 그는 노부나가와는 달리 적들을 파멸시키지 않고 흡수 동화시켰다. 또한 지방 영주들이 자기에게 충성을 맹세하는 한 본래의 영지를 그대로 통치하게 했다.

1590년에 이르러 그는 총 66개 현의 지배자가 되었다. 그는 미천한 집안 출신이라는 점 때문에 쇼군이 될 수 없었으나, 영리한 수단을 써서 왕의 섭정 자리에 오르는 데 성공했다. 즉, 예전에 많은 섭정을 배출했던 후지와라 가문의 한 후계자를 설득해서 자신을 양자로 삼게 함으로써 신분상승을 꾀한 것이다. 히데요시는 일본을 통치했을 뿐만 아니라 많은 양의 금은을 채굴함으로써, 그때까지의 일본 역사상 가장 부유한 인물이 되었다. 그는 왕궁을 복원했고, 전체에 금박을 입힌 다실(茶室)을 만들었다.

그는 부하들에게 너그러웠는데, 그러한 점은

1590년 마지막 남은 적수의 요새를 네 달간이나 포위 공격할 때 잘 드러났다. 그는 부하들의 지루함을 덜어주고 가급적 즐거운 기분으로 공성전을 하라는 뜻에서 물건을 파는 장사꾼과 마술사, 음악가와 기예인 들을 불러들였고 심지어 창녀까지 대주었다. 그는 또 무장들에게 첩들을 곁으로 불러들이라고 지시했다. 그는 아내에게 어린 아들이 보고 싶다면서 그녀를 안심시키기 위해 이렇게 말했다. "나는 적을 새장 속에 가둬두었소. 따라서 전혀 위험하지 않으니 제발 걱정하지 말구려." 항상 실제적이었던 그는 아내에게 자기가 총애하는 첩실인 요도를 보내 자기의 지루함을 덜어주게 해달라고 부탁했다.

그러나 히데요시는 잔인하고 무자비한 사람이 될 수도 있었다. 히데요시의 첩들 가운데 한 명이 그의 아들을 낳았을 때, 조카인 도요토미 히데쓰구(豊臣秀次)가 이미 섭정이 되어 있었다. 조카가 장차 자기 아들에게 반역을 꾀할지 모른다는 의심이 들자 히데요시는 아들의 미래를 반석에 올려놓고 싶은 마음에서 히데쓰구와 그의 수석 무장들에게 자결을 명했다. 그러나 히데요시는 거기서 그치지 않았다. 프로이스 신부가 쓴 대로 그 일본인 지도자가 "목표하는 바는 자신이 이미 죽인 모든 이의 아내와 여자들과 자식들까지 함께 죽이는 것이었다." 히데요시의 명령에 따라 그들은 수레에 실려 온 거리를 돌아다닌 뒤 형장으로 끌려갔다. 거기서 히데쓰구의 "세 자식이 먼저 참수되었고, 이어서 다른 귀부인들이 차례로 수레 밖으로 끌려나와 참수형을 당했다."

아마 히데요시의 성격에서 가장 놀라운 측면은 앞으로 자신과 같이 벼락출세한 자들이 나오지 못하도록 결정한 일일 것이다. 지난 100여 년 동안 지방의 농민이나 무사들이 자기 주군을 타도하고 권력자의 자리에 오른 경우가 적지 않았다. 그는 그런 지속적인 격변이 나라의 안정과 자신이 지배하는 군사정부의 패권을 위협한다고 믿었다. 그럴 가능성을 사전에 방지하기 위해 그는 각 계급을 고정시키고 대대로 세습하게 함으로써 일본 사회의 봉건적

구조를 공고히 할 일련의 칙령들을 발포했다. 농민들은 농지를 떠나 무사가 될 수 없었다. 무사들도 자기가 모시는 다이묘 밑에 그대로 머물고 주군이 직접 다스리는 성읍에 거처를 마련해야 했다.

"아! 이슬처럼 세상에 나서
이슬처럼 덧없이 스러지는구나."

히데요시는 이 정책들을 보강하기 위해 1588년에는 무사들을 제외한 모든 이를 무장해제시키기 시작했다. 이른바 '도검류 대색출령'이 단행되어 무사가 아닌 모든 이들은 검과 활, 창, 소총을 비롯한 모든 무기를 내놓아야 했다. 히데요시는 백성들에게 "이렇게 모은 무기들을 그냥 폐기시키지는 않을 것"이라고 다짐했다. 그는 그것들을 녹여 징이나 못으로 만들어 교토에서 이미 제작하고 있는 대불상에 쓰이게 함으로써 "농민들은 이승에서뿐만 아니라 저승에서도 복을 누릴 것"이라고 선포했다.

히데요시는 나라를 재통일하고 일본 사회에 자기 존재를 깊이 각인시킨 뒤 해외로 눈길을 돌렸다. 그는 300년 전에 일본을 두 차례나 침략한 쿠빌라이 칸처럼 정복욕에 사로잡혔는지도 모른다. 아무튼 그는 중국과 조선에서도 군사적 패권을 장악하기로 결심했다. 1592년, 히데요시는 15만 대군을 조선 반도로 출병시켰다. 불과 한 달 내에 일본군은 서울을 점령하고 압록강을 향해 진격해갔다. 바로 그때 중국 명 왕조의 군대가 압록강을 건너와 침략자들을 격퇴했다. 1597년, 히데요시는 검을 든 사무라이와 화승총으로 무장한 보병 10만 명을 다시 조선에 보냈다. 일본 무사들이 그렇게 공격적인 군사원정을 감행한 것은 그때가 처음이었다.

조선에서의 소득 없는 살육전은 이듬해 히데요시가 죽으면서 끝났다. 그는 현명하게도 군대를 따라가지 않고, 62세나 63세의 나이에 후시미(伏見) 궁 침소에 누워 편안하게 죽을 수 있었다. 그때 그는 다음과 같은 시 한 수를 남겼다. "아! 이슬처럼 세상에 나서 / 이슬처럼 덧없이 스러지는구나 / 오사카 성마저도 꿈속의 꿈이려니." 이것이 바로 일본에서 가장 유명한 영웅의 한 사람이 남긴 마지막 유산이었다.

이제 일본 사회를 통합할 소임은 도쿠가와 이에야스에게 떨어졌다. 히데요시가 사망할 때 나이가 50대에 이른, 키가 작고 뚱뚱하고 강건한 체구를 지닌 이에야스는 전투할 때 벽력 같은 고함을 치는 것으로 유명했다. 이에야스는 한때 노부나가의 적이었다가 그후 헌신적인 동맹자가 되었다. 애초에 그와 히데요시는 그다지 가깝지 않았으나 나중에 가서는 아주 돈독한 사이가 되었고, 히데요시의 다섯 살 난 아들 히데요리(秀賴)의 공식적인 후견인의 한 사람이 되었다. 그 후견인들은 히데요리가 자라서 아버지의 자리를 차지할 때까지 그를 보호해주겠다고 서약했다. 그러나 후견인 회의는 이내 분열되어 각자 자기네가 히데요리의 이익을 대변한다고 주장했다. 그 문제는 1600년 교토 동북방에 있는 세키가하라(關ヶ原)라는 작은 마을 근방에서 벌어진 전투로 결판이 났다. 이에야스는 자신의 세력 근거지인 동부 영주들의 연합군을 잘 지휘하면서 전투를 이끌어 승리자가 되었다.

1603년, 예전에 쇼군 직을 독점했던 미나모토 가의 후예인 이에야스는 왕을 움직여 자신을 쇼군으로 임명하게 했다. 그는 하나의 왕조를 일으키고 싶었으며, 2년 뒤에는 젊은 아들에게 쇼군 직을 물려줬다. 그러나 그는 이른바 은퇴한 쇼군으로서 계속 나라를 다스렸다. 그는 바쿠후를 동쪽에 있는 자신의 영지 가운데 한 곳인 에도(훗날의 도쿄)라는 성읍 도시로 옮겼다.

그는 자신의 옛 동맹자인 히데요시가 임종할 때 서약한 대로 어린 피후견인이 도요토미 가문의 장대한 오사카 성에서 안전하게 지내도록 해주었다. 그러나 장성한 히데요리는 새로운 정부 아래서 권력을 잃고 불만을 품은 수

천 명의 사무라이를 끌어들이기 시작했다. 이에 이에야스에게 그 청년은 나라의 새로운 통합과 자신의 패권을 위협하는 존재로 대두했다. 1614년 이에야스는 군대를 오사카 성으로 보냈고, 오사카 성을 포위한 군대는 화공을 비롯하여 맹공을 퍼부었다. 1615년, 이에야스가 반드시 보호해주겠다고 약속한 바 있는 히데요리는 항복하기보다 자결하는 편을 택했다.

이에야스 자신은 이듬해에 사망했지만 그는 아들에게 패권을 물려줬다. 도쿠가와 가문의 통치는 지속되었고, 에도 시는 점차 번창하여 일본의 권력 중심지가 되었다. 에도는 아마도 당대에 전 세계에서 가장 큰 도시였을 것이다. 그리고 통일된 일본은 도쿠가와 가의 쇼군들이 다스리게 될 다음 250년 동안 평화와 안정을 누렸다.

숙련된 갑옷 제작 장인들이 작업장에서 화려한 다리 보호구와 사슴뿔 모양 장식의 위협적인 투구를 비롯해 총 20가지가 넘는 무사 갑옷의 각 부분을 열심히 만들고 있다. 한 젊은 도제가 옻그릇을 열심히 휘젓고 있고, 그의 스승은 얼굴 마스크에 조심스럽게 옻칠을 하고 있다.

ESSAY _ 2 | 일상에서 아름다움을 창조하다

봉건시대 일본 문화의 기틀을 다지는 데 크게 기여한 장인들은 갖가지 도구와 사원, 검과 염주, 종이와 도자기를 만들어냈다. 그들은 고용주인 귀족들을 위해 옷감을 장식하고 맛있는 음식을 요리했다.

특히 사무라이의 검과 갑옷을 만드는 장인들은 많은 존경을 받았다. 검을 만드는 장인들은 녹인 쇠를 무수히 접어 두드려 유연하면서도 예리한 검을 벼렸다. 일본인들은 이 장인들이 검에 자신의 혼을 스며들게 한다고 믿었다. 예컨대 무라마사(村正)라는 장인은 죽음이나 재난을 몰아오는 검을 만들기로 유명했다. 떠도는 이야기에 따르면, 무라마사가 만든 검 한 자루가 시냇물에 떨어지자 수면에 떠 있던 식물의 이파리 하나가 깨끗이 두 쪽이 났다고 한다. 그러나 세인의 존경을 받았던 마사무네(正宗)가 만든 검이 떨어지자 이파리들이 그 검에 경의를 표하기 위해 저절로 갈라졌다고 한다. 그래서 이런 말이 전해진다. "무라마사는 무서우며 마사무네는 자비롭다."

검을 만드는 장인들이 사무라이의 검을 면도날처럼 예리하게 갈고 있다. 범죄자의 시신으로 시험을 거친 검에는 '한 칼에 팔여덟 절단'이나 '몸통 셋 절단'이라는 뜻의 무시무시한 명문이 새겨졌다.

성스러운 과업

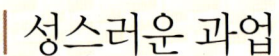

  사무라이 시대에 절과 신사를 건설하는 일은 많은 장인에게 지속적인 일거리를 제
공했다. 절이나 신사 같은 기념 건조물들은 전쟁의 유혈을 바탕으로 해서 생겨났다.
부유한 사무라이들은 그러한 건축사업을 후원했으며, 가끔 죽은 동료들의 넋을 위로
하기 위해 그런 건조물을 지어 헌정하기도 했다. 게다가 화재나 지진 혹은 태풍이 (가
끔은 무사들로 이루어진 도적떼도) 일본의 다양한 건물들을 무너뜨렸고 따라서 끊임없이
건물을 새로 지어야 했다.

  일본은 목재가 풍부한 나라여서 종교 건축물을 지을 때 목재를 주요 자재로 썼다.
숲에 사는 벌목꾼들은 나무를 베었고, 숙련된 목수들은 감독들의 지시를 받아가며 나
무껍질을 벗긴 뒤 널빤지를 켰다. 당시에는 연장이라 해야 몇 종의 톱, 나무 메, 작은
도끼, 큰 도끼, 칼, 쐐기, 까뀌 정도에 불과했지만, 그들은 이 연장들
을 이용해서 치수가 아주 정확한 고품질의 널빤지를 만들어냈다.

  목수들은 건물 짓는 속도를 높이기 위해 효율적인 중국식 방
법, 곧 12세기에 일본에 들어온 일관작업 방식을 따랐다. 목수
들의 일부는 지붕 받침대만, 일부는 바닥재만, 또 일부는 기둥
만 만들었다. 숙련된 목수에서 말단 도제에 이르기까지 모든 일꾼
은 각기 뚜렷한 역할을 하나씩 맡고 있었으며, 도제들은 하루 일
이 끝나면 공사현장에 흩어져 있는 대패 밥과 쓸모없는 나
무 조각들을 한곳에 거
둬들이곤 했다.

두 명의 목수가 굵은 널의 한 면에 먹줄로
퉁겨낸 윤곽선을 따라 두 개의 손잡이가 달
린 긴 톱으로 널빤지를 켜고 있다. 널 위에
서 있는 사람은 널빤지들을 정확한 폭으로
켤 수 있게 유도하는 역할을 했다.

정치 지도자이며 가문의 우두머리인 하지 노부사
다가 양산 밑에 앉아서 가문의 조상을 기리기 위
한 사당 공사를 감독하고 있다. 숲(왼쪽)에서는 벌
목꾼들이 나무를 베어 넘어뜨리고, 목수들은 널빤
지를 만들어 작업현장으로 올려주고 있다.

목공들이 마을의 사당이나 절에 안치할 사천왕상
가운데 하나를 끝마무리하고 있다. 절에는 목공들
이나 재주 있는 승려들이 있어서 자신들이 경배
하는 신상들을 조각하곤 했다.

| 요리의 대가들

대부분의 가정에서는 여자들이 흙바닥과 목조 조리대, 장작을 때는 화덕으로 이루어진 작은 주방에서 식사 준비를 했다. 그러나 부잣집에서는 종종 전문 요리사, 보조 주방 일꾼을 고용했는데, 그들은 거의 항상 남자들이었다.

요리사들은 오랜 도제살이를 거쳤으며, 그 과정에서 다양한 생선, 고기, 야채 조리법의 비밀을 익혔다. 조리법에 숙달한 요리사들은 자기 직업의 상징이라 할 수 있는, 아름답게 만든 고기 저미는 칼을 상으로 받았다. 그밖에 필요한 기구들로는 채반, 막자사발과 공이, 목기, 도기, 칠기 등이 있었다.

칠기는 집안에 함께 거주하는 장인들이 만들기도 했다. 일본인들은 가장 아름답게 만든 칠기 쟁반이나 젓가락 같은 것들을 아주 귀하게 여겨 함 속에 소중히 보관했고, 어디서나 품위 있는 식사를 할 수 있게끔 여행할 때에도 가끔씩 갖고 다녔다.

돗자리에 앉은 요리사들이 칼과 젓가락을 이용해서 가마우지와 잉어를 조리하는 광경. 화덕 앞에서는 한 요리사가 끓는 고기 조림을 들여다보고 있고, 또 다른 요리사는 조가비 국자로 그릇에 국을 담고 있다.

두 명의 염색공이 작업장에서 가족의 도움을 받아가며 긴 천에 무늬를 넣고 있다. 그들은 나중에 천을 벽에 걸어 말릴 것이다. 그들은 붓에 식물성 염료를 묻혀 능숙한 솜씨로 천에 복잡한 문양을 그려넣고 있다.

한 손님이 완성된 염주들을 들여다보며 감탄하는 동안 두 명의 장인이 구슬을 만들고 실을 꿸 구멍을 뚫는 협동작업을 하고 있다. 가게에 진열된 다른 가정용품 들로는 화병과 향로가 있다.

장식 예술

일본의 장인들은 빼어난 솜씨를 발휘하여 일상용품들을 예술품의 경지로 끌어올렸다. 예컨대, 16세기의 도공이자 서예가이자 검 제작자인 유명한 혼아미 고에쓰(本阿弥光悅)는 자기 시간의 일부를 목재 필통을 만드는 데 바쳤다. 금칠을 하고 정교한 문양을 그려넣거나 상감을 한 그 함들은 아주 빼어난 작품이었다. 고에쓰는 또 우아한 찻잔을 만든 것으로도 유명했다. 그는 그것들을 손으로 빚어내어 '비구름' 같은 상징성이 풍부한 이름을 붙였다. 귀족들은 정교한 장식의 도자기를 중국에서 수입하곤 했지만, 대부분의 일본인들은 자국민이 만든 수수하고 소박한 문양의 도기들을 더 좋아했다.

대장장이들은 검을 만드는 것 외에 연장·식기·거울·바늘 같은, 아주 정교하면서도 쓸모 있는 많은 물건들을 제작했다. 직조공, 염색공, 무두장이, 바구니와 부채와 우산 제조공 들은 저마다 아름답게 그리거나 섬세하게 장식한 제품들을 경쟁적으로 시장에 내놓았다.

일본인들은 종이를 만드는 데 남다른 정성을 기울였다. 그들은 종이를 글씨를 쓰거나 창문을 바르는 데 썼고, 가끔은 옷을 만드는 데도 썼다. 섬유질의 날과 올을 교차시키는 독특한 방식을 사용하여 손으로 정성스럽게 만든 종이는 질감이나 품질 면에서 아주 우수했다.

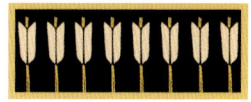

3 :: 평화와 덧없는 세상

1684년 8월, 수수한 갈색의 무명 승복에 삿갓을 쓴 시인 마쓰오 바쇼(松尾芭蕉)는 도카이도(東海道) 길을 따라 길을 나섰다. 그는 한창 번창하는 도시 에도와 강가에 자리잡은 아늑한 자기 집을 뒤로하고 지방의 소도시 우에노(上野)로 갈 참이었다. 우에노는 에도에서 남서쪽으로 400km가량 떨어진 곳이다. 앞으로 그는 에도 근방의 평야를 벗어나 산악지대로 들어갔다가, 다시 평원으로 나와 몇 개의 강을 건너게 될 것이다. 키가 작고 호리호리하며 몸이 약한 중년 사내인 바쇼에게 그 여행은 상당히 부담스러웠다. 지방에 갔다가 어떤 위험을 만날지 누가 알랴? 훗날 그는 이때의 심경을 이렇게 썼다. "무사시 평원을 떠나 본격적인 여정에 접어들었을 때 내 뼈가 들판에 널려 있는 광경이 눈앞에 어른거렸다."

바쇼의 두려움은 근거 없는 것임이 판명되었다. 그 점은 12년 전 그가 교토에서 에도로 갈 때도 마찬가지였다. 그 무렵의 일본은 16세기 때와는 달리 내전으로 갈가리 찢긴 나라가 아니었다. 1600년대 초엽 이래, 그 나라는 도쿠가와 가문의 철권통치 아래 평화를 구가하고 있었다. 그 평화 속에서 여러 가지 극적인 변화가 일어났으니, 그 가운데 하나가 도카이도 같은 국도를 전보다 훨씬 더 안전하고 편하게 여행할 수 있다는 점이었다. 도카이도는 배수를 고

려하여 중앙에 모래와 자갈을 죽 깔아
놓은, 유지 보수가 잘된 도로였다.

그 길은 치안상태가 좋아 안전했다.
에도에서 교토까지 480km나 뻗어나
간 도카이도에는 일정한 간격으로 방
책이 하나씩 서 있어서 쇼군의 경비대
가 위험분자, 인질, 무기 등을 단속할
수 있었다. 그 도로를 이용하려면 바
쿠후의 가신들과 유랑극단을 제외한
거의 모든 사람이 통행증을 소지해야
했다. 유랑극단은 검문소의 경비병들
앞에서 직접 자기네의 솜씨를 보여줘
야만 했으며, 스모 선수들은 육중한

체구가 확실한 증거였다. 방책 앞에 내걸린 공고문에는 "정신병자, 죄수, 목
이 달아난 사람(남녀 불문), 시체(남녀 불문)"도 역시 통행증이 있어야 한다는
내용이 들어 있었다. 도카이도를 며칠간 여행한 바쇼는 이제 새벽녘에 말을
타고 길에 나설 때마다 꾸벅꾸벅 졸 만큼 마음을 놓았다. "말 위에서 반쯤 졸
고 있는 내 눈앞에는 / 마치 꿈결인 양 / 멀리 뜬 달과 / 아침 차를 준비하는
/ 한 가닥 연기가 어른거렸다."

바퀴 달린 탈것들의 통행을 금지하는 바람에 길을 유지 보수하기가 좀더
쉬워졌다. 그러나 바쇼가 탄 말 같은 다른 수송 수단들은 허용되었다. 가도에
는 53개소의 정부 역참이 설치되었고, 그 구내에는 짐을 나르거나 사람을 태
우는 말, 마부, 가마꾼 들이 모여 있었다. 돈 있는 사람들은 그 모든 것을 임
대할 수 있었다. 바쇼가 종종 그랬듯이 대부분의 사람들은 길을 걸어 다녔다.

지친 여행자들은 역참 주위에 형성된 마을에서 식사하고 몸을 쉴 수 있었

녹음이 우거진 일본의 시골에서
여행자들이 도카이도(위)에 설치된
방책 문을 통과하기 전에 시내를
건너고 있다. 시인 바쇼(바로 오른
쪽)는 제자 한 명을 데리고 도카이
도와 다른 국도를 따라 여행하면
서 동료 시인들과 학생들(맨 오른
쪽)을 만나곤 했으며, 그들과 작별
할 때면 따뜻한 양말이나 샌들 살
돈 같은 선물을 받았다.

다. 그런 마을에는 여인숙, 음식점, 찻집이 있어 여행자들은 그곳에서 쉬고, 식사하고, 서로 끌리는 남녀들끼리 어울릴 수 있었다. 어떤 마을에서는 기념 품이나 약을 취급하는 가게에서 지역 특산물을 팔기도 했다. 에도에서 서쪽 으로 160km가량 떨어진 산자락에 자리잡은 유명한 세이켄지 사(淸見寺) 아랫 마을에서는 송진으로 만든 고약을 팔았다. 그 고약은 물집 잡힌 발이나 껍질 벗겨진 어깨 등 모든 상처에 효과가 있었다고 한다.

　도카이도와 다른 네 갈래의 국도는 사람들로 붐볐다. 주기적으 로 행렬들이 길을 지나갔다. 가끔 다이묘와 그의 하인, 가신, 말, 가마, 전례관의 깃발 등으로 이루어진 2,3천 명의 일행이 지나가기도 했다. 다이묘 행렬 이 지나갈 때면 평민들은 자욱한 먼지 속에서 땅바닥에 머리가 닿도록 엎드려야 했다. 엥겔베 르트 캠퍼라는 한 네덜란드 의사는 외국인인 덕분에 그 같은 의무에서 면제받았는지 똑바로 서서 그 행렬을 구경 하고 이렇게 썼다. "대영주를 호위하고 지나가는 수많은 사 람의 행렬은 아주 흥미롭고 감탄할 만한 장관이었다. … 그런 행렬에는 으레 적지 않은 소음이 따르게 마 련인데도 그들은 몸을 놀리면서, 그리고 옷이 마찰되면서 어쩔 수 없이 나는 소리들, 말과 사 람의 발소리를 제외하고는 쥐 죽은 듯이 조용 하게, 정연하게 대오를 맞춰서 행진했다." 간 간이 볼 수 있는 이런 흥미로운 구경거리 외에 도 바쿠후의 연락병들이 그 길을 지나갔다. 역 참에서 계속 말을 갈아타고, 빨리 길을 비켜달 라는 뜻으로 종을 울리며 빠르게 내달리곤

119

하던 그들은 사고가 날 것을 대비해 꼭 두 명씩 짝지어 달렸다. 그들이 다가오면 다이묘조차도 길을 비켜줬다.

그보다 지위가 낮은 여행자로 상인들이 있었는데, 그들은 교토 남서쪽에 있는 오사카에서 뱃길로 에도까지 물건을 수송할 수 있는데도 재미삼아 국도를 따라 여행을 했다. 그 길에는 떡과 여행 책자, 짚신, 밧줄, 이쑤시개, 바느질 실, 먹 따위를 파는 행상인도 지나갔다. 가수, 무희, 배우 들로 이루어진 흥행단도 지나갔다. 유람삼아 일본의 큰 신사들을 찾아다니는 순례자들도 있었는데, 그들은 삿갓을 써서 쉽게 알아볼 수 있었다. 바쇼는 이세(伊勢)에 있는, 일본에서 가장 유명한 큰 신사에 들렀다. 그 신사는 690년, 일본 최초의 왕으로 일컬어지는 전설적인 인물의 조상인 아마테라스 여신의 성스러운 거울을 모신 곳으로 울창한 숲 속에 세워져 있었다. 그 신사를 관리하는 이들은 20년마다 한 번씩 많은 비용을 들여서 신사를 재건하여 새로 헌당식을 갖곤 했다.

바쇼는 이세 신사에서 절을 올린 뒤 여행을 계속하여 9월 초쯤 우에노에 도착했다. 그는 교토 동남쪽에 있는 그 소읍에 도착하여 지난해에 돌아가신 어머니의 영혼에 절했다. 어머니의 집으로 들어가면서 그는 상실감이 전신을 휩싸는 것을 느끼고는 다음과 같이 우울하게 술회했다. "어머니 방에 피어 있던 옥잠화는 추위에 얼어 이제는 아무것도 남지 않았구나."

바쇼는 40년 전에 그 작은 성읍(그곳에 세워진 다이묘의 성 때문에 그런 이름이 붙었다)에서 태어났다. 하위급 무사 출신인 바쇼의 아버지는 거기서 서당 선생으로 일하며 근근이 생계를 꾸려갔다. 소년 바쇼는 다이묘의 아들과 가까운 사이가 되어 둘이서 함께 시를 공부했다. 그런데 바쇼가 22세가 되었을 때 그 친구가 갑자기 죽는 바람에 깊은 상심에 빠진 그는 출가할 생각도 했다. 그러나 그는 중국과 일본의 고전들과 격조 있는 궁중 시, 와카와 하이카이(俳諧)로 알려진 좀더 대중적인 시를 공부하면서 학문 연구를 계속했다. 하이카이는 종종 공동창작을 하기도 했다. 이를테면, 시인들이 주어진 규칙에 따라 상대의 주제를 이어받아가며 17음절 혹은 14음절의 시를 번갈아 짓는 식이었다.

"여행 중에 병이 들었다,
들에는 모든 것이 이울었으나,
꿈은 아직도 끝없이 배회하는구나."

1672년, 바쇼는 쇼군이 있는 에도로 이주했다. 여기서 그는 늘 가난에 쪼들리면서도 학문 연구와 시 창작을 계속했으며, 그의 시가 널리 알려지면서 주위에 제자들이 모여들었다. 스미다(隅田) 강변에 위치한 방 한 칸짜리 오두막에서 시인은 열매가 열리지 않고 연약하여 이파리가 잘 찢어지는 파초(芭蕉)를 키웠다. 그는 파초를 사랑해서 시를 남기기도 했다. "파초 아래 앉아 잎을 스치는 바람과 빗줄기를 즐거이 보네." 바쇼라는 필명은 바로 그 파초에서 유래했다. 또한 바쇼는 참선 수행에 점차 몰입하면서 홀로 많은 시간을 보냈다. 세월이 흐르면서 바쇼의 명성은 높아졌고, 1684년 여행을 떠날 즈음에 그는 이미 유명한 시인이 되어 있었다.

바쇼는 어머니의 명복을 빌어드린 뒤 우에노 읍내와 그 주위에서 꽤 오랜 시간을 보냈고, 늦가을의 정취를 감상하며 절들을 찾아다녔다. 그가 어디를 가든 옛 친구들과 제자들, 낯선 이들까지도 그를 알아보고 인사했다. 사람들은 그에게 시를 부탁하기도 하고 시회에 초대하기도 했다. 여행하는 동안 해가 바뀌었다. "길에서 세밑을 맞는구나." 그리고 봄의 첫 안개가 내리기 시작했다. 그는 꽃들이 화사하게 피어나는 가운데 다시 에도로 향했다. 여행을 마치고 돌아오는 그의 마지막 한마디는 다소 익살스럽다. "다른 것은 내 다

떨쳐버리고 왔으나 / 여행하는 동안 얻어걸린 / 이 몇 마리는 아직 남아 있어 / 여름옷 위를 꼬물꼬물 기어다니네."

이제 일본 어느 곳을 여행해도 안전하다는 것을 알게 된 시인은 생애의 마지막 10년 동안 많은 여행을 했다. 바쇼는 가르치는 일과 글 쓰는 일로 생계를 유지했기에, 이곳저곳을 다니는 일이 아주 중요했다. 그렇게 함으로써 그를 따르는 제자들의 숫자가 크게 불어났다. 또한 자연풍광을 구경하고 관조하면서 시적이고 종교적인 영감을 얻기 위해서도 여행을 했다. 그는 5권의 여행기와 시집을 펴냈는데, 그 정점에 해당하는 고전은 〈오쿠노 호소미치(奥の細道)〉였다. 글을 쓰면서 그는 뛰어난 옛 시들을 훗날 하이쿠(俳句)로 알려진, 짧게 응축된 투명한 이미지로 이루어진 17음절 시로 변형시켰다. 그의 시들은 그가 자연계에 널리 내재되어 있다고 본 신령한 기운의 메아리가 되었다. 그는 과거에 자기가 예상한 대로 결국 여행하는 동안 사망했다. 하지만 그는 황막한 벌판이 아니라 한 제자가 지켜보는 오사카의 한 침상 위에서 숨을 거두었다. 그가 죽기 나흘 전에 쓴 고별 시는 여행의 체취가 짙게 묻어나는 정신을, 여행이 제공해준 풍요로움을 잘 드러낸다.

여행 중에 병이 들었다.
들에는 모든 것이 이울었으나,
꿈은 아직도 끝없이 배회하는구나.

1600년대 말, 마쓰오 바쇼가 국도를 따라 여행할 무렵 일본은 안전하게 여행할 수 있었을 뿐만 아니라, 국운이 융성하고 커다란 예술적 성취를 이룩한 나라였다. 지난 100년간 성읍들은 점점 커져갔고 새로운 마을들이 생겨났으며, 도시 인구는 (1,200만 명에서 3,000만 명으로) 두 배 이상 불어났다. 대규모 토지개간 사업을 통해 경지면적이 140%나 증가했다. 금은 및 구리 채굴량이

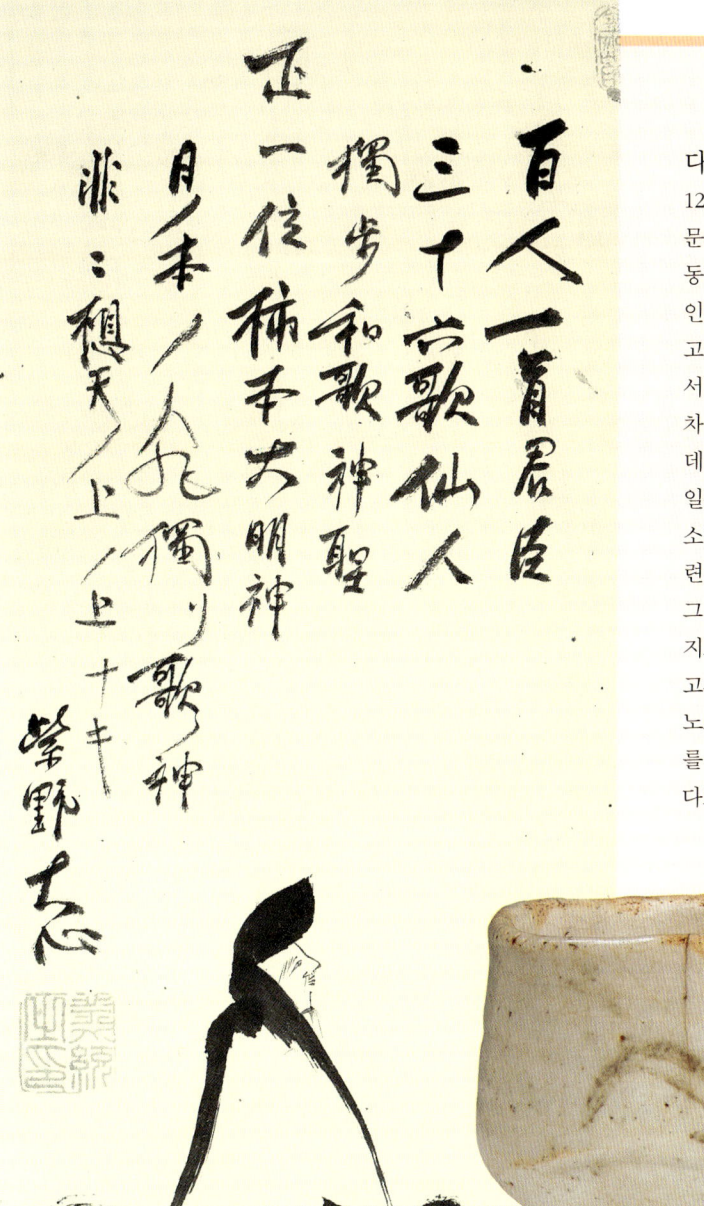

다도(茶道)

12세기 들어 불승들이 중국에서 찻잎과 씨앗을 들여오면서 일본 문화는 차에 깊숙이 빠져들었다. 처음에 승려들이 긴 참선을 하는 동안 자극성 음료로 마시기 시작한 차는 곧이어 쇼군과 무사와 상인도 즐기기 시작했다. 그들은 사치스러운 연회장에서 차를 마시고, 세속의 근심걱정에서 놓여나기 위한 수단으로 수수한 초막에서 큰 그릇에 든 차를 나눠 마시기도 했다.

차 마시는 관습이 사회의 모든 계층으로 퍼지면서 차를 즐기는 데 여러 가지 형식이 따랐다. 16세기 말경, 센노 리큐(千の利休)는 일본 고유의 다도 전통을 완성했다. 선승들이 공유해온 호젓함과 소박함을 결합시킨 리큐의 차 의식은 참선과 비슷한 정신적인 훈련이었다.

그 의식은 차를 준비하고 마시는 과정을 결합시켜 시와 예술의 경지로 승화시켰으며, 한 승려는 그것을 일러 "생활예술의 종교"라고까지 추켜세웠다. 다도는 찻집의 조용한 방에 앉아서 시인 가키노모토 히토마로(柿本の人麻呂)의 수묵화를 곁들인 두루마리(왼쪽)를 완상하는 식으로 고요히 명상 시간을 갖는다는 것을 뜻했다. 다도는 또한 추상적인 산의 모습을 그려넣은 이 16세기 수제 찻잔의 불완전한 자연미를 완상하는 것을 뜻했다.

그리고 다도는 다도의 달인들이 찻잔을 정성스럽게 닦아서 겸허하고 정중한 자세로 씁쓸하고 진한 초록빛 차를 대접하는 데서 볼 수 있듯이, 이기심과 욕망으로 찌든 마음을 정화하는 것을 뜻했다.

늘어났으며, 채석량과 벌목량도 꾸준히 증가했다. 수많은 상품이 쏟아지고 용역사업이 성행하면서 일상생활이 전보다 더 편리해졌다. 100년 전과 비교해볼 때 일본이 이처럼 놀랍게 변모한 것은 주로 평화 확립과 유지를 위해 펼쳐진 사회적 정책들에 힘입은 바 컸다. 과거에 적들과 끊임없이 전쟁을 치렀던 다이묘들과 그 가신들은 이제 농업과 그밖의 영리사업들에 관심을 돌렸다. 그러한 큰 변화를 불러일으킨 정책과 전략들을 선도한 이는 바로 16세기 초의 도쿠가와 이에야스였다.

도쿠가와 이에야스는 뛰어난 무장으로서 많은 적수를 물리치고 1603년에 쇼군이 되었다. 그러나 일단 권력을 장악하고 나자 그는 그것을 유지하는 법을 배워야 했다. 끊임없는 전쟁을 종식시키는 것이 그 첩경인 듯했다. 그는 학자나 철학자가 아니었으나 실용적인 통찰력을 지닌 인물이었다. 어느 역사가는 이렇게 말했다. "그는 비록 무력으로 일본을 정복했으나 지성과 지혜를 타고난 인물이어서, 무력만으로는 일본을 통치할 수 없다는 것을 정확히 알고 있었다." 그는 가신들 중에서 발탁한 재능 있는 자문관, 불승, 유학자, 부유한 상인 등을 곁에 두고 도쿠가와 가문의 지배 아래 평화를 정착시키는 작업에 착수했다.

이에야스는 그 목표를 이루기 위해 다음 세 가지 일을 벌였다. 즉, 재정을 강화하고 안전을 확보하며 일본 사회 전체를 통제하는 일이었다. 먼저 재정 상황을 살피면, 이에야스는 1600년에 벌어진 세키가하라 전투 이전에 이미에도 근방에 있는 동부의 부유한 여러 현을 다스리던 다이묘였다. 그는 전투에서 승리한 뒤 더 많은 영지를 얻었다. 그렇게 넓은 땅에서 그가 쌀로 거둬들인 총수입은 무려 약 90만 톤으로, 이것은 일본 전체 수입의 4분의 1에 해당했다. 그리고 그의 아들과 손자가 더 많은 토지를 몰수한 덕에 나중에는 도쿠가와 가문의 총수입이 일본 전체 수입의 절반이나 되었다. 이에야스는 토지 외에도 금광과 은광을 징발하고 생사(生絲)의 전매권을 차지했다.

이에야스는 이렇게 가문의 재정을 강화하는 한편, 자신과 상속자들의 안전을 확보하기 위해 애썼다. 그는 자기 가문에서 쇼군 직을 독점할 수 있도록 1605년에 아들 히데타다(秀忠)에게 쇼군 직을 물려주고 은퇴했으나, 실제로 권력을 이양한 것은 아니었다. 히데타다가 교토에서 거행되는 쇼군 취임식에 참석하기 위해 10만 대군을 이끌고 상경하는 광경을 본 사람들은 누구나 도쿠가와 가문의 막강한 위세를 실감할 수 있었다. 이 막강하고 충성스러운 군대는 역대 쇼군들을 보호했고, 그런 군대의 존재만으로도 도쿠가와 가문에 도전하려는 엄두조차 낼 수 없게 만들었다. 1590년 이에야스가 에도에 건설하기 시작한 성도 역시 가문의 안전을 도모하려는 계획의 일환이었다. 그 성은 음모가 판치는 교토의 왕성과 아주 멀리 떨어진 자신의 영지 한복판에 자리잡았다.

기술자들은 성을 튼튼하게 방비하기 위해 두 강의 물길을 바꿔 길이가 16km나 되는 외부 해자(垓子, 성 밖으로 둘러서 판 못 – 옮긴이)를 건설하고, 다시 그 안에 둘레 4km가량의 내부 해자를 팠다. 이 내부 해자 안에 돌로 성을 쌓고 다시 그 안에 미로같이 늘어선 정원과 사원, 목조 궁궐을 건설했다. 그 궁궐 가운데 바깥에 늘어선 건물에는 쇼군을 모시는 관리들과 경비대가 거처했다. 안쪽에 자리한, 350개의 방으로 이루어진 중간 규모의 궁은 이에야스의 사저였으며, 400개의 방으로 이루어진 큰 궁에는 그의 아내와 첩실들, 조신들이 거처했다. 내부 해자와 외부 해자 사이에 위치한, 바다가 내려다보이는 고지대에는 여러 다이묘들의 관저와 정원이 꾸며졌다.

이에야스가 각 다이묘를 얼마나 신임하는지 알려면 다이묘의 관저가 이에야스의 성과 얼마나 가까이 있는지만 알아보면 되었다. 도쿠가와 가문의 패권을 유지하는 데는 대영주들, 특히 에도에서 멀리 떨어져 있고 호전적인 속내를 감추고 있는 북방과 서방의 다이묘들을 적절히 제어하는 것이 아주 중

요했다. 그렇게 하지 못한다면 일본은 다시 전쟁의 소용돌이 속에 휘말려
들 것이었다. 이에야스는 안전을 기하기 위해 모든 다이묘를 세 집단으
로 나눴다. 첫 번째 집단은 도쿠가와 가문에 속하는 세 집안과 그 방계
로, 따라서 이들이 가장 믿을 만했다. 두 번째는 세키가하라 전투 전부터
이에야스를 따랐던 가신 출신의 후다이(譜代)였다. 마지막 집단은 도자
마(外樣)로, 이들은 세키가하라 전투 후나 1615년 오사카 성 함락 이후
에 도쿠가와 가문의 휘하로 들어온 외방 영주
들이었다. 바쿠후에서는 도자마 다이묘에게도
영지를 내려주기는 했으나 늘 그들의 동향을 감시
했다. 후다이 다이묘는 대개 에도 근방을 호위하
듯 둘러싸거나, 도자마 다이묘의 영지를 에워싼 영
지를 갖고 있었다. 에도에 있는 다이묘들의 저
택 역시 이와 똑같은 구조로 배치되었다.

각 영지의 경우에는 성 한 채만 남겨놓고 나머
지 성들은 모두 파괴했다. 다이묘는 남은 성 안에서 바
깥의 영지를 다스리고 세금을 거둬들였다. 그러
나 바쿠후에서는 다이묘들의 재력이 일정한
선을 넘지 못하도록 제한했다. 다이묘들은 중
앙정부에 군대는 물론이고, 성과 도로와 다리를
짓는 일 같은 토목사업에 필요한 인력과 자재를 제공
해야 했다. 바쿠후에서는 다이묘들에게 에도에 궁을 세우
도록 지시했으며, 나중에는 아예 그런 사항을 법으로 규
정해놓았다. 다이묘들은 쇼군을 모시기 위해 자주 에도
에서 지내야 했다. 다이묘가 영지로 돌아갈 때면 아내와
자식을 사실상의 인질로 에도에 남겨둬야 했다. 에도에서 생활

누구나 읽을 수 있는 책

커다란 나무 상자를 등에 진 떠돌이 책장수가 책을 팔러 다니고 있다. 상자에 적힌 글자들은 그녀가 시작법(詩作法) 책들을 팔러 다닌다는 사실을 알려준다. 상자의 맨 위에는 시가 인쇄된 종이들이 들어 있는 작은 상자가 얹어져 있으며, 한 손에는 습자 책을 다른 한 손에는 붓을 들고 있다. 1600년대 말과 뒤이은 세기들에는 이 같은 행상인들이 도시의 거리를 누비고 다니면서 점차 늘어나는, 글을 읽고 쓸 줄 아는 대중들의 요청에 부응했다.

출판업자들은 목판인쇄술을 이용해서 책을 펴냈다. 그것은 벚나무 판에 글자를 새겨서 먹을 칠한 뒤 종이에다 찍는 방법이었다. 17세기 후반에 들어 출판업자들은 전문 화가들을 고용해서 책에 삽화를 곁들이기 시작했다. 조판공들이 판에다 삽화를 새겨넣으면 인쇄공들은 하루에 3,000장 정도를 찍어낼 수 있었다. 여기 보이는 18세기 초의 그림 같은 일부 삽화들은 손으로 직접 색깔을 입히기도 했다. 채색 삽화는 메밀국수 한 그릇 값을 받고 책과 별도로 팔기도 했다. 따라서 거의 모든 사람이 책이나 삽화를 쉽게 구입할 수 있었다.

하고 많은 인원을 거느리고 수도를 오갈 때는 비용이 굉장히 많이 들었다.

이에야스는 이런 조치를 성문화하기 위해 죽기 1년 전인 1615년에 부케쇼핫토(武家諸法度)를 처음 발포했으며, 이 법률은 1635년에 개정·증보되었다. 그 법은 다이묘들이 자기 영지를 다스릴 때 일련의 법령들에 따라야 한다는 점을 확실하게 규정해놓았다. 그것은 다이묘들이 바쿠후에서 도망친 자들을 숨겨주거나, 에도의 허락 없이 함부로 새 성을 짓거나 옛 성을 보수하는 행위를 금했다. 또한 그 법에 따르면 다이묘가 자기 영지를 지나가는 국도를 가로막아서는 안 되었다. 다이묘들 사이에서 분쟁이 일어나면 바쿠후의 중재에 따라야 했다. 바쿠후는 다이묘들이 제대로 복종하는지를 감찰하기 위한 시스템을 만들었다. 그리하여 법령을 따르지 않는 다이묘들은 제재를 받았다. 1615년과 1650년 사이에 법을 위반한 죄로 95명의 다이묘들이 영지를 잃었다.

바쿠후에서 나라의 평화를 위협할 세력으로 본 것은 다이묘들뿐만이 아니었다. 그 세기가 지나는 동안 바쿠후에서는 외국인들, 그중에서도 유럽에서 온 상인들과 선교사들의 동향 역시 주목했다. 그 전에는 물론 상황이 달랐다. 16세기 중엽 일본에 처음 발을 들여놓은 포르투갈 상인들과 그 뒤를 따라온 예수회 선교사들은 환영을 받았다. 예수회의 라이벌인 스페인의 프란체스코회 수도사들이 들어올 때도 마찬가지였다. 일본인들이 그들을 환영한 데는 고유의 예의도 작용했겠지만, 무엇보다 그들이 중국과의 비단 교역을 중계해주는 중요한 역할을 했기 때문이다. 중국에서는 일본 해적들이 중국 해안 마을들을 약탈한 뒤부터 일본과의 직교역을 금하고 있었다. 서양인들은 또 근 100년 동안 전쟁 상태가 지속된 일본에서 여러 모로 아주 유용한 화포들과 그밖의 선진기술을 들여왔다.

도쿠가와 이에야스는 과거 지도자들과 마찬가지로 바깥 세계에 대해 깊은 관심을 가졌다. 1600년에 네덜란드 배 한 척이 규슈의 벳푸 만에 표류해왔을 때, 이에야스는 해외의 동향에 관해 좀더 많은 사실을 알 수 있었다. 이베리아 인(포르투갈 인과 스페인 인) 이외의 유럽 인이 일본 땅에 들어온 것은 그때가 처음이었다. 그 배에는 1598년 6월에 다섯 척의 배로 네덜란드를 떠났던 원정대 가운데 살아남은 24명이 타고 있었다.

애초에 그 원정대는 남아메리카 대륙의 마젤란 해협을 지나 스페인 식민지들과 무역선들을 약탈한 뒤, 몰루카 제도(오늘날의 인도네시아에 속한 섬들)로 가서 향신료와 그밖의 물건들을 사들이고 아프리카 남단의 희망봉을 돌아 고국으로 돌아갈 계획이었다. 그런데 일정이 예정보다 늦어진데다 식량 부족과 질병으로 고통을 겪었고, 외적의 침입에 물샐틈없이 대비한 남아메리카 인들의 거센 공격을 받는 바람에 원정대는 심한 타격을 입었다. 결국 세 척은 스페인과 포르투갈 사람들에게 나포되었고, 한 척만 겨우 고국으로 향할 수 있었다. 자포자기한 배는 항해술보다는 운이 더 많이 작용해서 태평양을 가로질러 일본에 이르렀다. 36세의 영국 출신 키잡이인 윌리엄 애덤스는 당시의 상황을 이렇게 술회했다. "우리는 제대로 움직일 수 있는 사람이 채 10명도 안 되는 비참한 상황에 처해 있었다. 우리 배의 선장과 그밖의 모든 사람들은 그저 죽을 날만 기다리던 처지였다."

해당 지역의 다이묘는 그들에게 거처를 마련해주고 보살펴줬지만, 모두가 다 그렇게 그들을 환영한 것은 아니었다. 당시 신교국인 네덜란드와 가톨릭 구교국인

말을 탄 궁수들이 이중의 원 중앙(위 오른쪽)에서 개를 풀어놓으면 개가 멀리 달아나기 전에 활로 쏘기 위해 대기하고 있다. 다른 궁수들은 원 밖으로 달아난 개들을 쫓고 있다. 1600년대에 이르러 평화가 찾아오고 전통적인 축제들이 속속 복원되면서 말 탄 무사들이 활로 사냥감을 잡는 이런 경기는 흥겨운 구경거리가 되었다. 그림에 보이는 많은 구경꾼들이 그 점을 입증하고 있다.

영향력 있는 불승 이신 수덴(以心崇傳, 왼쪽)은 쇼군인 도쿠가와 이에야스를 섬기면서 그가 그리스도 교금지법과 아울러 무사계급을 통제하기 위한 법안을 작성하는 일을 거들었다.

포르투갈이 교전상태에 있었던 터라, 일본의 예수회 선교사들은 그 네덜란드 인들을 해적으로 몰아 교수형에 처하게 만들려고 애썼다. 마침 도쿠가와 이에야스가 그 상황에 관한 보고를 받은 것은 네덜란드 인들에게는 여간 다행한 일이 아니었다. 당시 이에야스는 아직 쇼군 자리에 오르지는 못했지만 이미 일본 최고의 실력자로 부상한 상태였다. 그는 배 몇 척의 소함대를 보내 그 선원들 몇 명을 데려오게 했다. 여행을 할 수 있을 만큼 몸 상태가 좋은 유일한 사관(士官)이었던 애덤스는 그 함대의 배를 타고 에도에 갔다.

이에야스는 포르투갈 인 통역을 두고 애덤스에게 여러 가지 질문을 던졌다. 애덤스는 이때의 일을 이렇게 기록했다. "그대들은 무슨 연유로 이 먼 곳까지 오게 되었는가? …그리고 나서 그는 우리 나라와 포르투갈이 교전 중인지를 물었다. 나는 스페인과 포르투갈 두 나라와

| 유럽 인의 눈을 통해 본 일본 |

1500년대 중반 예수회 성자 프란시스 하비에르는 일본 인들이 "아주 붙임성이 있으며… 명예를 무엇보다도 중시 했다"고 썼다. 그 외에 다른 유럽 인들의 기록은 일본에 관한 생생한, 그러나 가끔 상호 모순적인 이미지들을 제 공한다.

서구인들은 일본인들이 예의바르면서도 엄격하고 과단 성 있는 사람들이라 여겼다. 예수회의 로렌초 멕시아는 이렇게 썼다. "경어와 속어 쓰는 법을 알지 못한다면 일

본인들을 안다고 할 수 없으므로 일본어를 배울 때는 자 연히 수사학과 예의범절도 함께 배우게 된다." 그러나 또 다른 이는 이렇게 기록했다. "그들의 법은 매우 엄격하여 처형이나 유배 외의 다른 형벌은 없다."

17세기 프랑스 선원인 프랑수아 카롱은 일본인들이 아 이 양육하는 모습을 보고 깊은 인상을 받은 나머지, "일 본인들은 아이들을 조심스럽고 부드럽게 키운다"고 썼다. 그러나 한 선교사는 일본의 아버지들이 자기 딸을 포르투

예수회 선교사들이 나가사키 항으로 들어오는 포르투갈 상선을
환영하는 가운데 한 무리의 일본인들이 다가오고 있다.

갈 상인들에게 창녀로 팔아넘기는 것을 보고 "파렴치하
고 부도덕하다"고 비난했다.

　다른 면에서는 서로 다른 의견을 보이던 유럽 인들도
일본 음악에 대해서는 대체로 의견을 같이했다. 1500
년대 말에 일본 음악을 들은 예수회 선교사 알레산드로
발리냐노의 다음과 같은 말은 그들의 심정을 대변해준
다. "그것을 듣는 일은 고문당하는 것만큼이나 고통스
러웠다."

전쟁 중이라고 대답했다." 그 심문은 자정까지
계속되었다. 그런 다음 이에야스는 애덤스를 그
리 불편하지 않은 한 감방으로 보냈다. 이에야스
가 여러 가지로 곰곰이 생각하는 동안 예수회 선
교사들은 계속해서 애덤스를 처형하라고 그에게
요구했다. 이에야스는 유럽에서 벌어지는 전쟁에
대해서는 아무 관심이 없었으나, 이베리아 인들
이 일본에 가할 잠재적인 위협 요소는 아무래도
크게 신경이 쓰였다. 그는 이베리아 인들이 세계
의 많은 지역을 정복하고 그 두 나라 선교사들이
여러 다이묘들과 많은 일본인들을 그리스도 교로
개종시키고 지방 정치에 관여한다는 사실을 잘
알고 있었다.

　이에야스의 전임자 도요토미 히데요시가 이미
1587년에 예수회 선교사들이 지방 정치에 관여
하는 것을 막기 위해 그들을 추방하라는 명을 내
린 적이 있었으나 이 명령은 시행되지 않았다.
그리고 1596년에는 스페인의 화물선 한 척이 일
본 해안에 표류해온 일을 두고 해당 지역의 다이
묘와 히데요시의 대리인들 사이에 논란이 벌어졌
다. 그 사이 스페인의 사관 한 명이 자기네 배를
보호하기 위해 본국의 스페인 왕에게 일본에 와
있는 선교사들을 스페인 군의 길잡이로 내세워
일본을 정벌해달라는 청원을 했다.

　히데요시는 그리스도 교로 개종한 다이묘들이

외국에 지원군을 요청했으리라 생각했는지는 몰라도 스페인의 프란체스코 회수도사들과 그리스도 교로 개종한 일본인들 다수를 처형하라고 명령했다. 그리하여 한동안 일본에서는 스페인 인들이 아무 역할도 하지 못했다. 그러나 히데요시는 포르투갈과는 계속 교역을 하고 싶었던 터라 포르투갈 출신의 예수회 선교사들은 탄압하지 않았다.

이에야스는 네덜란드 상인들을 이용해서 이베리아 인들과 선교사들의 잠재적인 위협으로부터 벗어날 수 있으리라는 점을 재빨리 알아차렸다. 그리하여 애덤스가 듣기로 이에야스는 예수회 선교사들에게 이렇게 말했다고 한다. "그 네덜란드 인은 나나 우리 나라의 그 누구에게도 해를 끼친 적이 없다. … 당신네 나라와 우리 나라가 전쟁을 벌인다 하더라도 그 사람이 우리를 적대할 하등의 이유가 없다."

전원 석방되어 에도로 후송된 네덜란드의 선원들은 에도에서 살아도 좋다는 허락을 받았다. 이에야스는 애덤스를 자신의 자문관으로 삼았다. 이에야스는 또 애덤스에게 유럽 형 배 한 척을 건조하라고 지시했으며, 그에게서 '기하학과…수학 기법'을 배웠다. 이에야스는 애덤스에게 아내와 딸이 있는 영국으로 돌아가는 것을 허락해주지 않은 대신, 에도에서 남쪽으로 64km가량 떨어진 곳에 있는 바닷가 영지를 하사했다. 그것은 "노예나 하인처럼 부릴 수 있는 8, 90명의 농부들이 딸린 영국(英國)의 영지와 비슷했다." 결국 자신의 운명에 순응한 애덤스는 그곳에 정착하여 일본 여성과 결혼하고 자식 둘을 낳았다.

애덤스는 유럽 인과 바쿠후의 중개자 역할도 했다. 그가 일본어와 궁중 예절을 재빨리 익힌 덕에 지위가 아주 높아졌으므로, 포르투갈 인들과 스페인 인들은 그에게 자기네 대리인 역할을 해달라고 부탁했다. 그들이 "과거의 잘못을 뉘우치고 내게 선의로 대했기에" 그는 너그럽게 그 청을 받아들였다. 그는 또 1610년 규슈에 교역소를 세운 네덜란드의 대리인으로, 그리고 1613

년에 일본에 도착한 영국인들의 대리인으로 활동하기도 했다.

　이 유럽 인들은 유럽의 종교 전쟁과 영토 획득 전쟁 양상을 일본에까지 옮겨와 이내 서로 헐뜯기 시작했다. 스페인 인들은 바쿠후에 네덜란드 인들을 추방하라고 거듭 요구했으나 바쿠후로부터 아무 응답도 얻지 못했다. 한편, 애덤스와 네덜란드 측에서는 예수회 개종자들의 숫자가 너무 많아져 그들이 해외에서 지원군이 올 때까지 충분히 버틸 힘이 있다는 점을 조심스럽게 지적했다.

　이에야스와 그의 측근들이 이베리아 인에게 느끼는 불안감은 점차 커져갔다. 이베리아 인이 아시아 곳곳에서 식민지를 만들고 유럽에서 종교전쟁이 벌어지고 있으며, 규슈 나가사키의 드넓은 예수회 전도구가 막강한 힘을 행사한다는 보고들이 속속 들어왔다. 게다가 전도활동을 하지 않는 네덜란드와 영국을 통해서 중국과의 무역을 지속할 수 있다는 사실 등이 복합적으로 작용해서 바쿠후에 큰 영향을 미쳤다. 1612년 이에야스는 프란체스코 회 선교사들을 추방했다. 2년 뒤 그는 그리스도 교를 금하고 예수회 선교사도 추방했으나, 그들 가운데 일부는 일본에 그대로 은신했다. 1615년 이에야스가 오사카 성으로 군대를 보냈을 때, 그 성의 수비군 가운데 많은 이가 그리스도 교 깃발을 흔드는 것이 확연히 눈에 띄었다. 그 결과 유럽 인을 체제 전복 세력으로 보는 바쿠후의 생각은 한층 더 굳어졌다. 이듬해에 이에야스는 사망했다. 윌리엄 애덤스는 이에야스가 사망한 뒤에도 여전히 바쿠후를 위해 일했지만 그의 영향력은 현저히 약화되었다. 그는 규슈 해안에 표류한 지 20년이 지난 1620년에 일본에서 사망했다.

　이에야스의 후계자들이 나라를 다스리는 동안 불법화된 로마 가톨릭 교의 신자들을 박해한 정도는 적어도 유럽 종교재판소가 이단자들을 박해한 것만큼이나 혹심했다. 사제들은 추방당하거나 처형당했다. 일본의 그리스도 교인들은 고문당하고, 십자가에 매달리고, 목이 달아나고, 불에 타죽었다. 1633

년 그리스도 교 국가들이 장차 나라에 심각한 위협이 될 것을 염려한 이에야스의 손자는 몇 차례에 걸쳐 엄한 칙령을 발포하여 일본의 문호를 닫아버렸다. 바쿠후에서는 장거리 항해가 가능한 모든 배를 파괴했으며, 새 배를 건조하지 못하게 했다. 백성들이 해외에 나가는 것을 일절 금했고, 해외여행을 시도하거나 해외에서 돌아오다 붙잡힌 사람들은 처형당했다. 바쿠후에서는 나가사키 항 근처의 한 작은 섬에서만 교역을 하는 네덜란드 인과 비단 무역을 하는 중국 조계의 사람들을 제외하고는 어떤 외국인도 자국에 들이지 않았다. 일본은 200년 이상 이들을 제외한 다른 모든 외국인에게 문을 굳게 닫아걸었다.

도쿠가와 가 사람들은 다이묘들을 줄 세웠고 나라를 전복시킬 위험이 있는 외국인들의 영향력을 거세해버렸다. 그들은 거기서 그치지 않았다. 그들은 일본에 대한 지배력을 유지하기 위해서는 엄격한 사회철학과 계급체제가 필요하다고 믿었다. 이 계급체제는 중국의 신 유교주의에서 유래되어 점차 세습화되고 사실상 불변의 것으로 자리잡았다.

이 계급체제의 맨 꼭대기에는 사무라이들이 자리하고 있었다. 즉, 바쿠후를 이루는 무사계급, 다이묘, 그 가신들로서 이들의 숫자는 일본 총인구의 약 5%를 차지했다. 그들만이 사무라이의 검 두 자루와 성(姓)을 가질 수 있었다. 그들은 평민의 행동거지가 마음에 들지 않으면 그 검으로 얼마든지 그를 벨 수 있었다. 물론 바쿠후나 지방정부를 관할하는 이들은 할 일이 있었다. 그들은 자신들을 도와줄 가신을 필요로 했으며, 이 가신은 대개 일정한 봉급을 쌀로 받았다. 그러나 자기가 속한 영지가 사라지거나 재구성되는 경우가 많고, 장기간 평화가 지속되면서 무려 50만 명의 사무라이들이 실직자가 되었다.

지위가 낮은 사무라이들은 옛날처럼 농부 겸 무사로 생활할 수가 없었다.

이제 나라에서는 그들이 농사짓는 것을 금했다. 부케쇼핫토에 따르면, 그들은 "전쟁과 평화의 기술을 지닌 이들이요, 일심으로 그 기술을 연마해야 할 사람들"이었다. 많은 무사들이 점차 규모가 커져가는 도쿠가와 가의 민간 행정 기구에서 일했고, 그렇게 하여 전쟁과 평화의 기술을 접목시켰다. 다른 많은 무사들은 각처의 도시로 이주해서 무예 도장을 세웠다. 모든 사무라이는 전쟁기간이 아닌 때에도 전투기술을 연마해야 했으므로 이런 도장들의 수요는 적지 않았다. 또 다른 무사들은 바쇼의 아버지처럼 서당 선생이 되기도 하고, 무사계급에서 이탈하여 상업에 종사하거나 여관 주인이 되기도 했다. 그럼에도 일거리가 없고 모시는 주군도 없는 골칫거리 떠돌이 사무라이, 즉 로닌(浪人)들이 여전히 남아 있어 가끔씩 말썽을 일으키곤 했다.

이론상으로 다음 계급에 속하는 이들은 농민이었다. 일부는 토지를 가진 유족한 지주들이었으나, 그보다는 가난한 소작농의 숫자가 훨씬 많았다. 소

1622년 나가사키에서 사방을 둘러싼 덤불 벽에 불이 붙기 시작하자 스페인 선교사들과 일본인 개종자들이 죽음을 맞이할 준비를 하고 있으며, 다른 이들은 참수형의 차례가 오기를 기다리고 있다. 1613년과 1626년 사이에 배교(背敎)를 거부한 3,000명 가량의 일본인 그리스도 교도들이 처형당했다.

작농의 생활은 대체로 아주 비참했다. 쇼군이나 다이묘들의 시각에서 볼 때 농부란 세금으로 쌀을 바치는 자에 불과했다. 바쿠후의 공식적인 정책은 농민이 먹고살 수 있는 곡식의 최소량을 결정한 뒤 그것만 남겨두고 나머지는 세금으로 거둬들이는 것이었다. 1640년 쇼군의 한 수석 자문관은 자기 영지의 농민들이 오두막이 아니라 그보다 나은 소박한 가옥에서 사는 것을 보고 이렇게 말했다. "이 사람들은 너무 유족하게 살고 있다. 그러니 좀 더 많은 세금을 매겨야 할 것이다." 농민들은 또 공공사업장에서 부역을 하고 말을 공급해야 했다.

교토의 분주한 거리에서 두 명의 무사가 칠기와 찬합을 취급하는 가게(위 오른쪽) 앞에서 입씨름을 벌이고, 그 옆의 부채 가게 안에서는 여자들이 이런저런 일을 하느라 부지런히 움직이고 있다. 가게들 문 위에는 그 집안의 문장이 찍힌 천이 걸려 있다.

1642년과 1649년에 바쿠후에서 모든 마을에 내붙인 공고문을 보면, 바쿠후 사람들이 농민의 일상은 어떠해야 한다고 생각했는지를 명확히 알 수 있다. "남편은 들에 나가 일하고 아내는 집에서 옷감을 짜야 한다. 그리고 부부 모두 밤에도 일해야 한다." 농부들은 들에 나가 먼저 풀을 벤 연후에 농사를 지어야 했고, 밤에는 새끼를 꼬고 가마니를 짜야 했다. 차나 술을 마시는 것은 금지되었다. 그리고 음식에 대해서는 이렇게 언급했다. "농민은 감각이나 깊은 생각이 없는 사람들이다. 그러니 그들은 추수 때 아나 자식들에게 쌀을 주지 말고 앞날을 위해 곡식을 비축해야 한다." 바쿠후에서는 농민들에게 기장이나 "그밖의 거친 곡식"을 먹고 기근을 대비해 땅에 떨어진 나뭇잎을 모아두라고 지시했다. 많은 농민들이 이렇게 규정한 생활방식을 마뜩지 않게 여긴 것은 그리 놀라운 일이 아니다. 농촌에서는 간혹 폭동이 일어났으며, 많은 농민이 땅을 버리고 도시에 가서

노동자나 하인으로 일했다. 그러면 농촌에 남아 있는 불운한 이웃들이 버림받은 땅을 대신 경작해야 했다.

　사회적 위계상으로 농민 다음에 위치한 이들은 장인이었다. 석수나 미장이 같은 보통의 일꾼들은 엄격한 도제 제도가 딸린 동업조합을 조직했다. 그들은 다이묘나 중앙정부를 위해 일했으며, 임금은 박한 대신 늘 일거리를 얻을 수 있었다. 전문 장인들, 특히 갑옷장이나 검을 만드는 대장장이, 금은세공인처럼 사치품을 만드는 이, 옷 짓는 이 등은 쇼군이나 다이묘들에게서 많은 임금을 받거나 좋은 집을 제공받는 등의 특별대우를 받았다.

　위계상으로 신분이 가장 낮은 이들은 상인들로, 이들은 아무것도 만들지 않고 순전히 남이 흘린 땀의 대가로 먹고사는 사회의 기생충이라는 오명을 얻었다. 봉건적 계급질서의 규칙에 의하면 상인들만이 장사를 할 수 있었다. 이런 제한 규정은 장사를 사회의 다른 계급 사람들은 할 만한 가치가 없는 것으로 보는 인식에서 비롯되었을지도 모른다. 그러나 17세기 들어 도시나 농촌에서 공히 상업이 크게 발전했으므로, 상인들에게는 오히려 이런 규정이 행운으로 작용했다. 그리하여 도쿠가와의 사회체제에서 최하층에 속한 일본 전역의 상인들은 아주 부유해졌다.

　행상인들은 수백 년간 도보로 농촌 곳곳을 돌아다니며, 장대 양쪽에 매달아서 짊어지고 다닐 수 있는 옷가지, 소금, 약 따위의 물건들을 사고팔았다. 도쿠카와 바쿠후 체제 아래 여행하는 것이 훨씬 안전해지자 행상인들은 전보다 더 먼 곳까지 돌아다닐 수 있었다. 어느 정도 자본이 쌓이자 그들은 마을에 가게를 냈고, 이어서 여러 마을에 비슷한 가게를 차례로 냈다. 그러다 그

17세기 말의 이 두루마리 그림에서 소풍을 나온 한 무리의 남녀가 꽃이 활짝 핀 벚나무 아래 앉아 맛있는 음식과 음악을 즐기고 있다. 돗자리 한복판에 놓인, 음식이 가득 담긴 두 개의 그릇은 검은 옻칠을 하고 금가루와 은가루와 자개로 장식한 아름다운 찬합(맨 오른쪽)에서 나온 것들이다.

들은 농촌의 토지와 제조업에 투자를 하기 시작했다.

그러나 대부분의 상인들은 성읍이나 대도시에 모여들었다. 도시의 귀족들과 관리들과 무사들은 건설자재, 식량, 가구, 의복, 사치품 들을 필요로 했다. 상인들은 다양한 제조업자들에게서 그런 제품들을 공급받아 시장에서 팔았다. 상인들이 공급해준 물건들은 지역에 따라서 크게 차이가 났으며, 특히 더욱 다양한 물건들이 거래된 곳은 일본의 대표적인 세 도시 오사카, 교토, 에도였다.

상업이 주종을 이루다시피 한 오사카는 오랜 전통을 지닌 지적이고 보수적인 상인들의 주무대였다. 오사카에는 도매상들이 몰려 있었다. 상품이나 지역에 따라서 전문화된 양상을 보인 오사카 상인들은 세미(歲米), 무명, 철, 종이, 도기, 차 같은 물건들을 저장해두는 큰 창고를 소유하고 있었으며, 그런 창고에 쌓아둔 물건들을 배로 일본 전국에 유통시켰다. 그곳에는 또 은행가와 고리대금업자도 있었다. 무사와 다이묘는 쌀로 얻은 수입을 금과 은으로 바꿔줄 중개인이 필요했다. 게다가 무사 귀족들은 사치스러운 생활방식 때문에 부득이 돈을 빌려 써야 할 경우가 많았다. 오사카는 그런 일을 하는 주요 중개인들이 모여 있는 도시였다. 이들은 오사카에서 사용하는, 정부가 발행한 은을 에도에서 사용하는 금이나 각 영지의 지폐와 바꾸는 비율을 결정했다. 따라서 오사카의 시세는 일본 전역의 시세가 되었고, 오사카 상인들은 다른 지역 상인들의 교범이 되었다.

왕궁이 자리하고 있는 교토는 첨단을 달리는 유행과 직조 · 염색 · 자수 · 도기 같은 유서 깊은 미술품으로 유명한 귀족적인 도시였다. 교토 상

인들은 그 숫자나 재력 면에서 오사카 상인들에게 한참 뒤떨어졌다. 그러나 교토는 격조 높은 문화적 향취를 지닌 도시였으므로, 다른 도시들의 상회들은 자기네의 명성을 높이기 위해 교토에 지사를 두곤 했다.

가장 나중에 형성된 에도는 지위 높은 사람들이 돈을 물 쓰듯 써대는 급속히 발전하는 신흥 도시였다. 그곳에는 쇼군과 수많은 무사들의 저택이 있었고, 다이묘들에게 물건을 대주는 소매상들이 집결해 있었다. 그 도시를 자주 휩쓴 화재, 특히 1657년의 대화재 덕분에 에도에서는 대규모 건설사업이 계속되었고, 건설업자들이 바쿠후에서 발주하는 공사를 적극적으로 따내는 과정에서 많은 잡음이 일어나곤 했다. 그 때문에 벼락부자가 되고 싶은 사람들은 에도로 모여들었다.

상인 가문들은 지역에 따라 유형은 각기 달랐어도 봉건적인 사고방식과 태도를 갖고 있다는 점에서는 대체로 비슷했다. 그들은 자기네가 처한 사회적인 위치를 확연히 자각하고 있었으며, 자기네 고유의 문화를 갖고 있었다. 그들은 대개 취급하는 상품의 종류에 따라서 특별히 지정된 구(區)에서 생활하고 일했다. 각 구는 안마당을 둘러싼 건물들로 이루어졌으며, 거기에 공동변소와 우물, 쓰레기장이 딸려 있었다. 구의 건물들은 각 구를 구분하는 거리와 면해 있어, 거리를 지나가는 이들은 격자무늬로 장식된 건물 전면과 그 위에 걸린 노렌(暖簾)을 볼 수 있었다. 노렌은 각 상인 가문의 문장이 찍힌 검푸른 깃발을 뜻했다.

사업은 가업이었다. 하나의 사업체를 일컫는 용어로 사용된 '가(家)'는 장

읽기, 쓰기, 놀기

상인 집안의 소년들은 가업을 전수받는 과정의 일환으로 읽고 쓰고 계산하는 법을 배웠다. 소녀들 역시 그런 기술을 배웠다. 여자들은 대개 직접 장사를 하지는 않았으나, 손님을 상대하고, 편지를 쓰거나 계산을 할 줄 알았다. 그리하여 상인의 딸들이 다른 계급의 딸들보다 학교에 다니는 경우가 더 많았다.

그러나 그 아이들은 또 노는 일로 시간을 보내기도 했다. 위의 두루마리는 부모가 에도의 장난감 가

게에서 아이들에게 장난감을 사주는 장면을 보여주고 있다. 봄이 오면 소녀들은 인형 축제를 벌였다. 축제가 열리면 집안의 도코노마(床の間, 집 안의 장식 공간—옮긴이)에 왕실 가족을 묘사한 인형들을 모셔뒀다. 여름 축제 때면 각 가정에서는 모형 갑옷과 무기를 전시했고, 소년들은 모의 전투를 치르는 것으로 행사를 기념했다. 일본의 아이들은 또 팽이, 연, 요요, 깃털공, 공, 대말(竹馬)을 갖고 놀았다.

사와 아울러 그런 사업체를 소유한 가문을 뜻했다. 모든 식구들(피고용인들까지 포함한)은 무엇보다도 집안과 조상들에게 충성했다. 그리고 최대의 이익을 올리는 것이야말로 그들을 성심으로 기리는 일이 되었다. 그러나 핏줄보다 사업체의 번영이 더 중요했다. 가장의 역할과 아울러 사업체를 운영하는 역할은 원칙상 아버지에게서 맏아들에게로 세습되었으며, 가끔 차남이나 삼남을 위해 분점을 열어주기도 했다. 하지만 아들이 없거나 있어도 능력이 없다고 여겨지면 양자를 들여서 가업을 계승하게 했다.

가끔 피고용인들 중에서 양자를 들이기도 했는데, 피고용인들은 대개 12, 3세에 가게에서 도제살이를 시작했다. 도제는 가게에서 심부름을 하며 업무를 익혔다. 그가 일을 제법 맵시있게 해내면 17, 8세 무렵부터 어른 대접을 해주는 것과 아울러 서기로 승진시키고 봉급을 주기 시작했다. 그가 계속 뛰어난 능력을 발휘할 경우, 서기의 여러 직급을 거쳐 30세 무렵에는 수석 서기가 되었다. 수석 서기가 되면 봉급도 올랐다. 그는 가정을 꾸릴 수 있고 직장으로 출퇴근할 수 있었으며, 부업에 손댈 수도 있었다. 그가 유능하게 일을 잘해내면 분점을 낼 수도 있었다. 이렇게 분점을 경영한다 해도 옛 주인에 대한 충성심과 존경심을 잃지 않아야 했다.

이런 보수적인 체제는 깊은 충성심, 세심하게 규정된 원칙들과 보조를 함께 하여 오래도록 번영을 구가해온 몇몇 상사를 일구어냈다. 그 가운데 가장 유명한 상사가 바로 미쓰이(三井)였다. 미쓰이의 역사는 에치고(越後) 현에 뿌리를 둔 한 사무라이의 아들과 함께 시작되었다. 그 가문의 역사에 따르면, 그는 1600년에 벌어진 세키가하라 전투 이후, "중앙집권적 성격이 강한 안정된 정권은 전쟁보다는 상업에 더 깊은 관심을 가질 것"이라는 점을 깨달았다. 그리하여 그는 무사의 신분을 벗어버리고, 이세 현의 한 읍에서 술을 빚어 파는 일에 뛰어들었다. 그는 아버지를 기리는 뜻에서 가게 이름을 '에치고야(越後屋)'로 지었다.

미쓰이의 첫 번째 장사꾼은 젊어서 죽었고, 그의 아내 슈호가 사업을 물려받았다. 슈호는 전당포, 양조장, 미소(일본 된장—옮긴이) 제조장의 운영에 전력하면서 미쓰이를 일류 상사로 만들기 위해 많은 노력을 기울였다. 도쿠가와 이에야스가 각 지방의 상인들을 에도로 불러들이자 슈호의 맏아들이 에도에 가게를 차렸으며, 막내아들 하치로베이는 큰형 밑에서 도제로 일했다. 그후 하치로베이는 그동안 모은 돈을 이용해서 사채업자가 되었으며, 충분한 자금을 마련한 뒤에는 교토에 포목점을 차리고 에도에 분점을 냈다. 그는 그가게들에서 능라(綾羅)를 취급했다.

하치로베이는 혁신적인 인물이었다. 당시 에도에서는 포목상들이 늘 일정한 길이로 천을 잘라서 사무라이 고객들의 저택에 배달해주는 것이 관례였다. 그들은 대개 외상으로 팔았으며, 그것은 돈을 잃기 십상인 방식이었다. 그런데 하치로베이의 에치고야에서는 '현금 거래와 정찰제'라는 간판을 달고 가게로 찾아오는 고객들에게 천을 팔았다. 그는 또 천을 표준 길이로 잘라서 파는 방식에서 벗어나, 고객들이 필요로 하는 만큼 잘라서 팔았다. 이런 혁신적인 방식은 놀라운 성공을 거뒀다. 고객들이 미쓰이로 대거 몰려드는 바람에 하치로베이는 가게를 자꾸 늘려나가 나중에는 그 거리 자체가 에도의 명소 가운데 하나가 되었다.

하치로베이는 그렇게 장사를 하는 것 외에 에도, 교토, 오사카에서 금융업에도 투자했다. 그는 사업을 꽤 잘해나가 미쓰이 은행은 쇼군의 대리인이자 많은 이들의 자금줄이 되었다. 그러나 그는 자손들에게 영주에게는 돈을 빌려주지 말라는 유언을 남겼다. 너무나 많은 상사들이 대금을 지불받지 못하거나 돈을 떼여 쓰러졌던 것이다.

하치로베이는 죽기 전에 11명의 자녀들에게 각기 하나씩의 방계 상사를 열게 했으며, 그 상사들의 본가에 대한 의무와 상호간의 의무를 유언장에 자세히 기록해놓았다. 이것은 훗날 가문 규약의 모범이 되어 많은 다른 상사들이 미쓰이의 전례를 따랐다.

그 규약은 방계 상사들이 서로 우호적으로 거래하고 함께 번영할 것, 가문 회의의 조언 없이 "결혼을 하거나 빚을 지거나 다른 이의 빚보증을 서는 일" 같은 중요한 결정을 내리지 말 것, 일찍 은퇴하지 말 것 등을 요구했다. 가문 규약은 수입의 분배, 회계 감사, 인재 발탁, 사업 교육까지를 포괄했다. 미쓰이 규약에 사업 교육과 관련된 것으로 다음과 같은 내용이 있었다. "아들을 도제가 하는 하찮은 일부터 시키고, 그들이 사업 비법을 어느 정도 터득하면 방계 회사에 자리를 마련해줘서 배운 지식을 현실에 응용하는 법을 익히게 하라." 가문을 배신한 자에 대한 처분은 가문 회의에서 논의했다. 가문의 모든 구성원은 신을 경배하고, 왕을 받들고, 자신의 의무를 다해야 했다.

이 같은 규약, 확고한 충성심과 근면의 전통 덕분에 가문의 번영이 이룩되었고, 일부의 경우에는 거대한 부를 축적하기도 했다. 예컨대, 오사카의 요도야 가는 540채의 집과 250개소의 농장을 보유한 것 외에, 병아리들이 딸린 21개의 순금 닭, 14개의 순금 앵무새, 15개의 순금 참새, 96개의 수정 미닫이문, 한 개의 순금 바둑판, 우단과 비단과 능라 1만 7,000필, 173개의 루비를 소유했다.

이 같은 막대한 부는 대영주(다이묘)의 재산에 견줄 바가 아니었다. 장사꾼들이 호화주택을 짓고 그들의 아내들이 사치스런 옷으로 치장하게 되자 바쿠후 당국자들은 신경이 거슬렸다. 일본은 질서정연한 봉건사회였으며, 그 질서의 상징은 주택이나 의복, 탈것, 오락 등에서 뚜렷이 드러나 있었다. 바쿠후 당국자들은 계급의 허용 한계를 넘어서는 사치스러운 행태를 체제에 도전하는 죄로 간주했다.

부케쇼핫토에서는 이렇게 규정했다. "하급자가 상급자보다 더 좋은 옷을 입는 식의 혼란이 있어서는 안 된다. 영주와 가신, 상급자와 하급자 사이에는 차이가 있어야 한다." 역대 쇼군들은 의복의 사치를 규제하는 법을 거듭 발포했다. 인형극조차도 규제 대상이 되었다. "인형에 지나치게 비싼 의상을 입혀서는 안 된다. 어떤 의상에도 금박과 은박을 사용할 수 없다. 금 모자와 은 모자는 장군 역의 인형에만 씌울 수 있다."

이러한 법들이 거듭거듭 발포되다가 바쿠후는 다음과 같이 인정하게 되었다. "그동안 여자들의 옷에 자수를 놓는 것을 금해왔다. 그런 관행이 일반화되긴 했으나, 앞으로 지나치게 호화스럽고 사치스럽지만 않으면 자수 옷을 사고팔아도 좋다."

그러나 가끔 예외도 있었다. 당국에서는 다른 사람들에게 본보기를 세운다는 의미에서 요도야 가문의 재산을 몰수했다. 그러나 그런 결정을 내린 배경에는 다이묘들이 그 가문에 많은 빚을 졌다는 사실도 일부 작용했을 것이다. 그런 경우를 제외하고는 지나친 과시 때문에 벌을 받은 사람은 거의 없었다. 당국자들은 부를 지나치게 과시하는 이들의 무엄한 태도에 대한 혐오감을 그저 법으로만 그렇게 드러냈을 뿐이다.

때는 바야흐로 17세기 말의 부유한 상인들이 도시

온갖 다채로운 빛깔로 염색하고 자연물을 주제로 한 무늬나 기하학적인 무늬로 장식한 여러 형태의 고소데를 입은 17세기의 고급 유녀들이 연애편지를 읽거나 음악을 들으면서 한가로운 시간을 즐기고 있다.

| 유행의 첨단 |

1688년 일본 상인 계급의 성장기에 관한 짧은 이야기 모음집의 저자인 사이카쿠는 이렇게 쓰고 있다. "유행은 과거의 유행들에서 변화해왔고 점차 화려해졌다." 사치스러운 비단과 공단과 능라로 지은 최신 유행의 우아한 옷을 걸친 부자들을 17세기 일본의 번창하는 도시 어디에서나 볼 수 있었다.

남녀 모두 기모노의 초기 형태인 고소데(소매가 짧은 옷)를 걸치고 장식 띠인 오비를 허리에 둘렀다. 원래 고소데는 헤이안 시대의 귀족들이 예복 속에 입거나 서민들이 겉옷으로 입는 수수한 옷이었다. 14세기에 이르러 그보다 더 길고 장식적인 고소데가 상류층이 입는 최신 유행의 겉옷이 되었다. 세월이 흐르면서 소매와 옷단이 길어지고 장식 띠가 넓어졌다.

17세기의 고소데는 아주 편하고 용도가 다양했다. 옷단을 장식 띠 밑에 밀어넣으면 도시의 거리를 쉽게 활보할 수 있었다. 공식행사 때는 평범한 고소데 위에 좀더 장식적인 고소데를 입음으로써 망토를 걸친 듯한 효과를 줄 수 있었다.

부유한 상인들과 다이묘들은 사교행사에서 남보다 돋보이고 싶은 아내와 첩과 딸들이 입을 옷을 짓는 데 많은 돈을 썼다. 일본의 세련된 직물업계에서 끊임없이 현란한 색조의 새로운 디자인들을 제공하면서 여성들의 유행은 빠르게 변화했다. 장인들은 고소데 천을 화폭삼아 아름다운 장

식 문양을 그려넣었다. 다시 말해, 줄
무늬나 지그재그 무늬 혹은 기하학적
인 문양 위에 사계절의 풍경, 하늘을
나는 새, 우아한 꽃, 조개껍질, 부채
등을 그려넣었다. 직조공들은 금실,
자수, 금박, 아플리케(꿰매 붙인 장식─
옮긴이) 등으로 색다른 직물을 만들어
냈다.

얼굴에 분을 하얗게 바르고 머리를
요란하게 치장한 가부키 배우들과 환
락가의 고급 유녀들은 새로운 유행을
정착시키는 역할을 했다. 그들은 종종
〈고소데 전신 거울〉 같은, 삽화가 들
어간 인기 있는 의상 견본 책들에 모
델로 등장했다. 그 책들은 "당신을 즐
겁게 해줄 무늬와 색깔들"을 소개했
다. 목판인쇄 삽화에는 최신 유행 스
타일의 고혹적인 유녀들이나 좀더 보
수적인 옷차림을 한 나이든 여성들이
등장하곤 했다.

수선화와 바나나 잎이 그려진 옷을 걸친 유녀들이 밤을 맞을
준비를 한다. 한 여자는 당대의 유행에 따라서 동료의 이마
선을 가지런하게 면도해주고 있고, 다른 여자는 그릇 위에 고
개를 숙인 채 입이 더 작게 보이도록 입술 한복판에 붉은 연
지를 바르고 있다.

1700년대의 두루마리 그림에서 한 유녀가 거울을 들여다보며 우아하게 쪽진 머리를 매만지고 있다. 여성들의 머리 스타일은 고소데 디자인과 마찬가지로 길게 길러 아래로 늘어뜨린 머리에서 정교하게 위로 틀어올려 빗과 꽃으로 고정시킨 것에 이르기까지 수백 년 동안 다양하게 변화했다.

문화를 크게 부양시킨 황금시대였다. 상인들은 자기가 번 돈을 아름다운 옷과 값비싼 물건들, 좋은 저택에만이 아니라 예술에도 소비했다. 그들은 작가와 화가와 배우 들을 후원했고, 감각적인 삶에 탐닉했다. 그 과정에서 그들은 저변에 슬픔의 색채가 깔린 생동하는 환락의 문화를 빚어냈다. 사람들은 그것을 일러 '덧없는 세상'을 뜻하는 '우키요(浮き世)'라 불렀다.

17세기가 저물 무렵, 일본의 도시들은 풍요로움을 구가했다. 쇼군들조차도 돈을 물 쓰듯 썼다. 도쿠가와 이에야스는 검소하고 절제력이 강한 군인상을 선보였지만, 겐로쿠(元禄) 시대로 알려진, 1680년에서 1709년에 이르는 시기를 통치했던 증손자 쓰나요시(綱吉)는 절대 권력을 휘두르며 호화롭게 살았다.

쓰나요시의 어머니 오타마는 식료품 장수의 딸로 3대 쇼군의 첩실이었다. 상인 가문 사람들은 이것을 가문을 크게 일으킬 수 있는 아주 명예로운 지위라 여겼다. 그 쇼군이 사망하고 쓰나요시의 큰 형이 쇼군 직을 계승하면서 오타마는 불교에 귀의하고 아들을 키우는 일에만 전념했다. 그 총명한 아이는 유학을 공부하며 어린 시절을 보냈다.

그러다 쓰나요시는 1680년에 34세의 나이로

쇼군 직을 승계했다. 그는 복잡한 영지 분쟁을 적절히 처리하여 크게 칭송을 받았고 신속하게 권력기반을 굳혔다. 취임 이듬해에 그는 다이묘들을 철저히 감시하려는 의도를 담은 선언문을 발포했다. 그리하여 재임 기간에 다이묘들이 선언을 위반할 때마다 그대로 넘기지 않고 33명이 넘는 다이묘의 영지를 박탈했다.

그는 일반 백성들에게도 감시의 눈길을 늦추지 않았다. 예를 들어, 당대의 에도에는 떠돌이 무사 무리와 과다한 특권을 지닌 평민이 시민들을 괴롭혔는데, 그는 그들을 모조리 검거하여 일부는 처형하고 일부는 추방함으로써 말썽거리를 완전히 없애버렸다. 그 외에도 그는 자기가 선호하는 유교를 비롯하여 다양한 학문 및 예술과 관련된 교육 프로그램들을 후원했다. 그리고 그는 유교와 불교 정신에 입각한 여러 가지 자비로운 혁신을 단행했다. 죄수들의 처우를 개선하고, 집 없이 떠도는 이들에게 묵을 곳을 마련해주고, 하인들을 보호하고, 어린이를 살해하지 못하도록 금지시킨 것 등이 바로 그에 해당했다.

그러나 그 쇼군의 개혁 가운데는 정신 나간 짓이라 할 만한 것들도 있었다. 그는 불교도인 어머니의 영향을 받아서인지 살아 있는 모든 생명체에 자비를 베풀었다. 그가 제정한 법률들 가운데는 매사냥과 새나 물고기를 완상용으로 파는 행위를 금하고, 아울러 사냥과 낚시를 금하는 법도 포함되어 있었다. 그러나 가장 악명 높았던 것은 그가 1685년에 발포한 개에 관한 포고령이었다. 이 법령에 따르면 도시 사람들은 떠돌이 개들을 먹여 살리고, 병든 개들을 치료하고, 모든 개에게 '견공' 또는 '견부인' 같은 식의 존칭을 써야 했다. 그런 법들이 엄하게 시행되면서 백성들은 개를 다치게 했다는 이유로 처형당하거나 목이 달아났다. 어떤 사무라이들은 할복하라는 명을 받고, 또 어떤 사무라이들은 귀양을 갔다.

당연히 에도에는 떠돌이 개들이 들끓었다. 결국 에도 시 당국자들은 개 수용시설을 세웠으며, 거기서 5만 마리 가량의 개들을 돌봐줬다고 한다. 그 개

교토의 한 분라쿠 극장에서 세 꼭두각시가 관객들의 마음을 사로잡고 있다. 극작가 지카마쓰 몬자에몬은, 배우들은 가끔 자기 대본을 멋대로 바꿔서 연기하는 데 비해, 꼭두각시가 연기하는 동안 이야기를 들려주는 영창자들이 대본을 그대로 낭송했으므로 다른 연극 형태보다 분라쿠를 더 선호했다.

들은 시민들이 낸 세금으로 쌀밥과 말린 생선을 먹었다. 그러자 일부 에도 시민들은 남들이 듣지 않는 데서는 개띠 출생인 쇼군과 그의 두 총신(寵臣)을 '개 세 마리'라고 부르곤 했다.

쇼군은 또 지위 덕에 무엇이든 제 뜻대로 할 수 있었으며 그가 떠받든 유교 원칙들도 그런 점에서는 아무 힘을 쓰지 못했다. 그러한 예로 그의 애정 행각을 들 수 있다. 그 점에 대해서 한 역사가는 이렇게 썼다. "쇼군은 남색을 좋아해서 도자마 다이묘나 하타모토(쇼군의 가신)의 아들로부터 군인, 허드

레일꾼에 이르기까지 잘생긴 남자이면 지위 고하를 막론하고 시종으로 삼곤 했다." 원래 일본에서 동성애는 유별난 일도 불법적인 일도 아니었다. 그리고 백성들은 성적 취향 때문에 쇼군의 처사를 비난한 것이 아니었다. 개 법령의 경우처럼 문제는 그의 극단적인 행동이었다. 백성들은 쇼군이 총애하는 자들에게 아낌없이 재물을 쓰고, 그들을 고위 공직에 앉히고, 다이묘에게 그들을 시종으로 쓰라고 강요했으므로 눈살을 찌푸렸다.

그렇다고 해서 시민들이 항의를 하거나 공개적으로 비난한 것은 아니었다. 왜냐하면, 우선 위계질서를 지키려는 의식이 아주 강했기 때문이다. 그리고 함부로 비판하는 것은 위험한 짓이었기 때문이다. 그림책에서 쇼군을 완곡하게 풍자했던 한 화가는 멀리 떨어진 섬으로 유배당했으며, 거기서 그는 쓰나요시가 사망할 때까지 11년의 세월을 보냈다. 그래도 그는 운이 좋은 축에 속했다. 게다가 사람들은 자기 일에만 신경 쓰기에도 너무 바빴다.

"강물에 실려 떠내려가는 조롱박처럼…
그런 세계를 우리는 '덧없는 세상'이라 부른다."

어쨌든, 17세기 말의 도시 사람들은 문화가 전례 없이 꽃을 피운 시대를 맞이했다. 이러한 도시문화는 교토에서 비롯된 궁중의 이상과 예술 형식, 모든 예술에 달통한 교양 있는 신사들이 공유한 이상의 영향을 받았으며, 무사와 평민들 모두가 그것을 받아들였다. 그러나 이것은 또한 시민계급의 개화를 의미하기도 했다. 삶을 향유하고자 하는 시민들에 의해, 그리고 그 시민들을 위해 창조된 예술이었다.

이러한 문화는 세 대도시의 환락가, 곧 매춘과 갖가지 공연이 허용된 구역들을 중심으로 꽃피어났으니, 에도의 요시와라(吉原), 오사카의 신마치(新町),

교토의 시마바라(島原)가 바로 그런 곳이었다. 그곳에서는 계급 구분이 필요 없었고 오로지 돈이 모든 것을 지배했다. 한 소설가의 말마따나, "사무라이 건 시민이건 가릴 것 없이 그저 모두가 손님이었다."

이 구역에서는 온갖 종류의 즐길 거리들이 넘쳐나고, 찻집과 식당과 크고 작은 공연장이 즐비했다. 괴짜들이 곁들이 여흥을 벌이고, 원숭이들이 갖가지 재주를 선보이고, 개들이 춤을 추고, 거리의 악사가 민담이나 영웅들의 무용담을 노래하고, 스모 경기가 펼쳐졌다.

그러나 그곳의 가장 중요한 거주자는 아이 적에 유곽으로 팔려간 여성들이었다. 그 여성들 사이에는 복잡한 위계가 존재했다. 맨 밑바닥에 해당하는 유녀는 격자창 뒤에 늘어서서 거리의 행인에게 자기 몸을 선보이는 '미세조로(見世女郎)'였다. 맨 꼭대기에 해당하는 이는 아이 적에 고급 유녀들에게서 음악, 무용, 대화법, 환락의 기술을 익힌 '아게조로'였다. 아게조로들 가운데서도 최고의 유녀들은 소나무, 오얏꽃, 단풍잎으로 분류되고, 다시 그 밑으로 조수(潮水), 그림자, 달로 분류되었는데, 이들은 모두 문학적인 호를 하나씩 갖고 있었다. 이 유녀들은 아주 세련된 최고급 옷을 입었으며 시종과 하녀의 시중을 받았다. 이들과 하룻밤을 지내는 남자는 큰돈을 지불해야 했다. 또 유녀를 독점하는 남자는 더 큰돈을 내야 했고, 기루에서 빼내려면 한 재산을 바쳐야 했다.

사람들은 환락가로 모여들었으며, 그곳의 화려함, 자유분방함, 흥겨움은 엄격한 사회생활에 시달리는 이들에게 모처럼 해방감을 안겨주었다. 그러나 사무라이들에게는 환락가 출입이 금지된데다 쓰나요시의 비밀 감찰관들이 수시로 돌아다녔기에 많은 이가 얼굴을 감추고 출입했다. 거리는 불야성을 이뤘다. 극작가 지카마쓰 몬자에몬(近松門左衛門)은 오사카의 한 거리를 이렇게 묘사했다. "소네자키신치의 초겨울 밤은 찻집의 등롱 빛으로 아련하게 넘실댔다. 인파로 가득한 거리마다 젊은 난봉꾼들이 한가로이 거닐면서 민요를 부르고, 인형극의 한 대목을 읊조리고, 유명 배우의 대사와 연기를 흉내냈다. 즐비한 찻집의 이층에서는 사미센(三味線, 목이 길고 줄받이가 없는 일본식 3현금—옮긴이)의 흥겨운 가락이 떠돌았다."

그들은 환락을 좇았다. 그러나 또한 세속의 환락의 덧없음에 슬픔을 느끼기도 했다. 그것은 일본 예술의 오랜 특성으로 자리잡은 애수 어린 조락(凋落)의 정서였다. 작가 아사이 료이(淺井了意)의 표현에 의하면, 그런 풍조를 표현하는 새 명칭은 불교적 색채가 가미된 용어 '우키요'에서 유래했다. 서글프고 우울한, 무상한 아름다움의 '덧없는 세상'. 1661년 그는 그런 것을 좇는 이들을, "술 마시고, 허망한 것에 탐닉하는" 자들이라고 썼다. "강물에 실려 떠내려가는 조롱박처럼 가난 따위에는 아랑곳하지 않고, 낙담에 빠지는 것도 거부하는 자들. 그런 자들의 세계를 우리는 '덧없는 세상'이라 부른다."

화가와 판화가와 산문 작가들은 바로 그런 세계에 초점을 맞췄다. 본문과 그림을 함께 실을 수 있는 식자와 목판인쇄술이 널리 퍼지면서 환락가에서의 삶을 묘사한 내용들이 소책자, 시집, 희곡집, 이야기책, 소설에 등장했다. 도시의 많은 출판업자가 수많은 도시 독자를 대상으로 귀신 이야기, 로맨스, 여행 안내, 고급 기녀들에 대한 평을 주제로 한 책들을 펴냈다.

이런 유의 인기 있는 작품들을 일컬어 '덧없는 세상의 책'을 뜻하는 '우키요조시(浮世草子)'라 했다. 가장 유명한 작가는 오사카의 상인 가문 출신인 이하라 사이카쿠(井原西鶴)였다. 그는 도시 사람들이 자기네 모습이 비쳐진 내용과 함께 자극과 흥분을 원한다는 것을 알고 도시의 삶에 관심을 쏟았다. 첫 소설 〈호색일대남(好色一大男)〉을 포함한 그의 작품의 상당수는 외설적이었다. 〈호색일대남〉은 일본의 돈 후안이라고 할 만한 한 도시인이 겪은 성적인 체험들을 다룬 소설로, 주인공이 8세 때부터 시작하여 온갖 체험을 겪은 뒤, 결국 전설적인 여인 섬으로 배를 타고 떠난다는 내용이다. 그는 또 환락가에서 돈을 버는 사람들, 사무라이, 돈을 벌거나 잃는 사람들을 다룬 책도 썼다.

삿갓으로 신분을 감춘 한 무사가 매음굴에 죽 늘어선 여자들 가운데 한 명과 이야기를 나누고 있다. 하급 창녀들은 이렇게 주위가 탁 트인 응접실에 앉아 음악을 연주하면서 그 안에 대단한 환락이 기다리고 있다는 점을 선전하곤 했다.

사이카쿠는 시민계급을, 그들 특유의 미덕과 결함을 있는 그대로 보여주고 싶었다.

그러나 도시 사람들을 가장 즐겁게 해준 것은 그들이 발전시키고 완성시킨 좀더 생생한 연극들이었다. 그러한 연극으로는 조루리(淨瑠璃)와 가부키(歌舞伎)가 있었는데, 조루리는 인형극을 뜻하는 '분라쿠(文樂)'라고도 했다. 둘 다 17세기 초에 교토에서 처음 시작되었다.

분라쿠가 가부키보다 역사가 더 오래되었다. 15세기에 노(能)를 공연할 때 가끔 인형을 사용했으며, 인형 놀리는 기술이 서서히 발전하여 결국 아주 정교하고 세련된 분라쿠라는 형태로 나타났다. 분라쿠에는 검은 옷을 입은 사

람들이 키 90cm가량 되는 인형들을 놀리면서 놀라울 만큼 우아하고 정교한 동작을 아주 사실적으로 연출해냈다. 그들의 공연은 영창자(詠唱者)가 사미센의 날카로운 가락에 맞춰 들려주는 이야기가 주된 줄기를 이뤘다. 영창자는 해설자의 역할을 하면서 모든 역할에 맞는 목소리를 내고, 행위를 설명해주고, 가끔 분위기를 조성하기 위해 노래를 하거나 시를 낭송하고, 그동안 인형들은 각기 자기가 맡은 동작을 했다. 어느 한 비평가가 말한 대로 그 아름다운 인형들은 "형상화된 말(言語)"이 되었다.

반면, 가부키는 대중적인 노래와 춤으로 시작했으며, 도쿠가와 체제에서 천민에 해당하는 기녀들과 배우들이 연관됨으로써 처음부터 악명이 높았다. 전통적으로 가부키는 이즈모노 오쿠니(出雲阿國)라는 여성이 창시했다고 하는

여성으로 분장한 남자 배우들(온나가타)을 포함한 가부키 단원들이 가부키 극장 근방에 있는 한 호화로운 찻집에서 부유한 후원자들과 만나고 있다. 온나가타들은 종종 창녀 역할을 하기도 했다. 망사로 덮인 침실 안에서 배우 한 명이 고객과 함께 쉬고 있다(위 왼쪽). 오른쪽에 보이는 온나가타들은 극장 안에서 조성한 환상을 계속 유지하기 위해 밖에서도 여성처럼 행동하곤 했다.

데, 그녀가 신도의 무녀였다고 주장하는 이들도 있다. 그녀는 1603년에 공연단을 이끌고 교토에 처음 나타났다. 가부키라는 말에는 호색, 바람기 등 별난 행동을 암시하는 뜻이 들어 있으며, 오쿠니의 공연에는 분명 그런 면이 강했다. 그녀가 걸쳤던 의상들 가운데는 시뻘건 남자용 비단옷도 있었으며, 그녀는 그런 옷차림에 황금 검과 단도, 당대에 유행한 이색적인 십자가상을 건 모습으로 등장하기도 했다.

유치한 줄거리에 노래와 경쾌한 민속춤이 곁들여진 오쿠니의 시사풍자극(레뷰)은 많은 관중을 끌어모았는데, 그것은 단순히 공연단 여배우들이 연극이 끝난 뒤 제공하는 성적인 서비스 때문만은 아니었다. 가부키 공연은 즉각 환락가에 널리 퍼졌다. 그러다 1629년에 이르러 관객들 사이에서 여배우들을 놓고 싸움을 벌이는 사태가 일어나자 급기야 당국에서는 여배우의 출연을 금지시켰다. 그러자 와카슈(苦衆)로 알려진 미소년들이 여성 출연자 역할을 대신했는데, 이들도 성적인 매력 때문에 쟁탈전을 불러일으키자 1652년 당국에서는 다시 이들의 출연도 금지시켰다. 사람을 끄는 매력을 지닌 여성들과 소년들을 무대에 올릴 수 없게 되자, 가부키 공연단은 관객의 관심을 끌기 위해 부득이 노나 분라쿠에서 빌려온, 좀더 극적인 줄거리와 이야기 쪽으로 관심을 돌렸다. 가부키는 그 과정을 거치면서 고도로 발전되고 양식화된 예술 형식이 되었다.

인형들과 살아 있는 배우들은 도시에서 엄청나게 많은 관객을 끌어모았는데, 아마도 볼 만한 구경거리를 제공했기 때문일 것이다. 그런 연극들은 엄숙한 분위기를 자아내는 노와는 달리 눈부시게 화려한 의상들과 현실감 넘치는 무대장치들을 선보였다. 예컨대, 한 편의 연극이 성이나 사당, 그리고 양쪽으로 열지어 늘어선 상록수들이 배경을 향해 서서히 물러서는 현실적인 장면과 함께 시작될 수 있다. 이런 장면이 채색 병풍이 늘어선 왕궁의 한 방을 보여주는 장면으로 바뀐다. 그리고 그 장면은 다시 후지 산을 배경으로 야생화들이 흐드러지게 피어 있는 들판으로 바뀐다. 그 모든 장면은 연극적이면서도 명증한 현실감을 안겨줄 것이고, 바로 그런 점이야말로 관객들이 원하던 것이었다. 만일 극중의 이야기가 바다를 무대로 전개된다면 관객들은 바다가 보고 싶을 것이다. 눈보라가 나오는 이야기라면 관객들은 눈을 보기를 원할 것이다. 분라쿠와 가부키는 이 모든 것을 관객들에게 선사했다. 분라쿠에서 인형들은 놀라울 만치 실물과 닮은 영웅들과 여주인공들로 발전했으며, 목을 베거나 눈알을 파내는 장면, 초인적인 묘기 같은 충격적이고 인상적인 행위들을 선보였다. 심지어 살아 있는 배우들로는 도저히 해낼 수 없는 제왕절개 수술까지도 해치웠다. 가부키에서는 성인 남성이 여성의 역할을 했다. 그리고 여성의 역할을 맡은 이 온나가타(女方)는 여성적인 아름다움을 고도로 과장한 양식적인 연기를 완성했다.

극장에 가는 일은 가슴 설레는 즐거움을 제공했다. 공연은 하루종일 계속되었다. 한 극작가는 이렇게 기록했다. "오늘, 날이 새기 훨씬 전부터 목조 정문이 활짝 열렸다. 첫서리가 내리는 거리에서 가로등 불빛이 아직도 가물거리는데 '공연이 곧 시작됩니다!'라는 기운찬 외침이 젊거나 늙은 열성 관객들을 극장으로 끌어들였다. 이제 아침 태양이 고개를 내밀고, 곧 시의 씨앗들에서 발아한 인형극, 영원한 태양의 나라의 유서 깊은 예술은 하늘과 땅을 움직일 것이고, 신과 악마들을 자극할 것이고, 남편과 아내를 결속시키고 사나운 무사의 마음을 부드럽게 만들 것이다. '단팥 든 찹쌀떡이오!', '떡 있어요!', '성냥이오!', '안내 책자 사세요!' 판매원들의 외침에도 인형극의 경쾌하고 활달한 기운이 어려 있다. '공식 대본을 구입하세요!', '모자와 우산은 여기 맡기세요!', '방석 있어요! 방석 있어요!'" 관객들은 화로의 온기가 전해지는, 방석이 깔린 좌석에 앉았다. 그들은 포르투갈 인이 전해준 담배를 피우고, 술을 마시고, 음식을 먹을 수 있었으며, 사람을 시켜 도시락이나 초밥을 구할 수 있었다. 배우들이 명사이자 유행의 선도자인 가부키에서 관객들은 자기가 좋아하는 배우에게 환호하고 박수갈채를 보내거나 선물을 던질 수 있었다.

그 모든 것과 결부된 분라쿠와 가부키의 전통은 사람들의 심금을 울리는 연극들로 발전해나갔다. 그리하여 일군의 재능 있는 작가들이 출현했는데, 그 가운데서 가장 걸출한 인물은 일본 최초의 극작가 지카마쓰 몬자에몬이었다.

1653년생으로, 유명한 사무라이 집안의 자손인 지카마쓰는 젊은 시절 교토의 한 귀족 가문에서 시종으로 일했다. 거기서 그는 문학을 배우고 지배계급의 관습을 익혔으며, 모시는 귀족이 분라쿠의 후원자였기에 분라쿠의 공연 방식과 관례도 배울 수 있었다. 지카마쓰가 초창기의 위대한 영창자 한 사람을 만난 것도 바로 그 저택에서였다. 그를 만난 자리에서 지카마쓰는 연극활동에 투신하기로 결심했다. 그가 그런 식으로 자진해서 사회계급의 최하층으로 내려가자 집안 사람들은 곧 그와 의절했다.

그는 가부키와 분라쿠의 대본을 썼으며, 아직 거친 형태인 두 장르를 세련된 형식으로 발전시키는 데 큰 역할을 했다. 그가 쓴 〈지다이모노(時代物)〉라는 역사극은 귀족 사무라이 집안들에서 벌어지는 사랑과 명예와 앙갚음을 다

가부키 극장 분장실에서 배우들이
의상을 걸칠 수 있도록 몇 사람이
거들고 있다(위와 맨 오른쪽). 병풍
아래에는 다른 배우들이 사미센
연주를 들으며 쉬고 있다. 왼쪽의
온나가타는 담뱃대를 재떨이에 두
드리고 있다. 공연이 아침 일찍 시
작되어 하루종일 계속되므로 극장
은 늘 바쁘게 돌아갔다.

룬 작품이었다. 그는 역사극을 쓰면서 가끔 당대의 사건들을 줄거리 속에 집어넣곤 했는데, 바쿠후의 검열을 피하기 위해 주인공들의 이름과 역사적인 배경을 실제와 달리했다. 그 같은 성격의 연극으로 대중들의 열렬한 호응을 얻은 한 작품은 훗날 수정되어서 〈주신구라(忠臣藏)〉란 제목이 붙었는데, 서구인들에게는 〈47인의 사무라이〉로 알려졌다. 그 작품의 저자들[원래 다케다 이즈모(竹田出雲), 나미키 소스케(並木宗輔), 미요시 쇼라쿠(三好松洛)가 쓴 분라쿠 대본이었다─옮긴이]은 1703년, 한 다이묘가 억울하게 할복을 강요당한 것에 분개한 충성스러운 가신들이 앙갚음한 사건에서 영감을 얻어 썼다.

이런 연극은 모든 역사극이 그렇듯이 시대물에서 기대할 수 있는 근사한 영웅시와 멜로드라마를 제공했다. 그러나 지카마쓰는 그런 연극에 환락가 장면들도 삽입했다. 그의 연극이 대부분 그렇듯이 그는 관객들에게 친숙한 감정적인 갈등, 곧 가문과 계급과 사회에 대한 의무감을 뜻하는 '기리(義理)'와 인간적인 감정을 뜻하는 '닌조(人情)' 사이의 치열한 갈등을 강조했다.

그러한 갈등은 지카마쓰가 쓴 서민극 세와모노(世話物)의 핵심을 이뤘다. 이 드라마들은 새로웠고 따라서 대중의 열렬한 호응을 받았다. 그 연극들에서는 과거와 현재의 명문가 사람들뿐만 아니라, 상인과 서기, 천한 기녀까지도 무대에 등장했다. 사람들은 그런 연극을 '살아 있는 신문'이라 불렀다.

지카마쓰는 실제의 사건들을 골라서 예술로 변형시켰다. 그가 이런 맥락에서 쓴 첫 분라쿠

희곡인 〈소네자키신주(曾根崎心中)〉는 그가 오사카에서 전해들은 한 사건을 토대로 한 것이다. 이 작품은 훗날 수많은 아류작을 낳았다. 작품의 줄거리는 도쿠베이라는 상점 점원이 기녀 오하쓰와 깊은 사랑에 빠져 아버지의 형제가 골라준 처녀와의 결혼을 거부하면서 시작된다. 그리하여 그는 처녀의 지참금을 돌려줘야만 했다. 그런데 한 친구가 도쿠베이를 교묘하게 속여 돈을 빼돌리는 바람에 그 책임이 도쿠베이에게 떨어졌다. 장래가 암담한데다 사태를 해결할 수 없는 처지에 놓여 절망에 빠진 그와 오하쓰는 후생에서 제대로 만나자는 불교식 소망을 안고 동반 자살한다.

연극은 대성공을 거두었고, 비슷한 주제를 다룬 다른 연극들이 속속 등장하면서 하나같이 흥행에 성공했다. 사실, 그 연극들은 실제 현실에서 동반 자살을 유행시켰고, 결국 바쿠후의 검열관들이 어떤 연극에서도 '동반 자살'이라는 용어를 집어넣지 못하도록 하는 결과를 빚었다.

그런 연극들은 사랑과 의무라는 주제에 대한 탐구, 돈이 가진 힘에 대한 솔직한 인정, 신분이 낮은 등장인물들과 그들의 비속한 언어에 힘입어 아주 생생하고 예술적인 작품으로, 그리고 아주 인기있는 볼거리로 떠올랐다. 지카마쓰는 비천하고 흠 많은 사람들에게로 관심을 돌렸다. 도쿠베이는 나약하고 멍청한 인물이다. 오하쓰는 아름다운 마음씨를 지니긴 했으나, 신분이 높은 기녀가 아니라 싸구려 창녀이다. 그는 자신의 등장인물들에게 더없이 매혹적인 시로 표현된 완벽한 사랑, 불굴의 사랑을 부여함으로써 그들을 역사극의 남녀 영웅의 수준으로 끌어올렸다.

주위에서 등장인물과 같은 실제 인물들에 대해 들어본 적이 있는 관객들은 이야기에 감동을 받고 매혹되었다. 그들의 희망과 두려움, 세상의 덧없는 환락에 대한 슬픔은 지카마쓰가 죽음을 향한 여정에 오른 두 연인을 위해 쓴 다음과 같은 대사에서 우주적인 의미를 부여받았다.

이승이여, 이 밤이여, 잘 있어라.

죽음을 향해 길을 가는 우리를 무엇에 비유할까?

묘지로 이어지는 길가의 서리에 비할까?

우리가 한걸음 한걸음 옮길 때마다 조금씩 스러져가는 서리에,

이 꿈속의 꿈은 너무도 서글프구나!

지카마쓰의 대사들은 당대의 세기말 정신을 사로잡은 듯하다. 겐로쿠 시대, 바쇼와 사이카쿠와 지카마쓰를 비롯한 수많은 예술인의 시대는 서서히 종막을 고하고 있었다. 그 시대는 연이어 닥쳐온 자연재해들과 더불어 끝이 났다. 1703년, 에도에 혹심한 지진과 화재가 일어나면서 3만 7,000명이 사망했다. 1707년에는 후지 산이 폭발하여 주위의 현들을 두터운 화산재로 뒤덮었다. 당시 에도의 하늘은 2주간이나 어두컴컴했다.

이듬해에는 교토에 홍수와 화재가 나서 왕궁을 쑥대밭으로 만들었고, 태풍이 불어와 오사카와 교토 일대의 경작지를 휩쓸었으며, 오사카에서는 큰불이 났다. 설상가상으로 홍역이 돌아 수천 명이 사망했다.

그렇게 어수선한 가운데 1709년에 쇼군 쓰나요시가 사망했다. 일부 사람들의 말처럼 마치 쇼군의 방종한 사치와 실책이 나라에 온갖 재난을 몰아온 것만 같았다. 그가 사망한 뒤 도쿠가와 바쿠후가 지배하던 일본의 사회적 · 문화적 개화는 조락(凋落)의 긴 가을로 접어들었다.

선(禪)
수행을 위한 정원들

　무심(無心)은 참선 수행자들이 추구하는, 자의식을 벗어난 상태이다. 수행자들은 스승을 통해서 그 경지에 이를 수 있다. 스승은 제자들의 마음을 합리적인 사고 틀에서 벗어나게 하기 위해 공안(公案)이라는 수수께끼 화두를 제시하곤 했다. 또 수행자들은 자연으로 눈길을 돌릴 수도 있었다. 선승들은 왼쪽과 같은, 산자락에 자리잡은 수행터에서 자연의 신비와 아름다움을 마음으로 조용히 응시했다. 수행자들은 수목의 변화와 바위의 불변함을 지켜보면서 오랜 세월 명상을 하는 가운데 점차 깨달음에 이르기도 하고, 폭포수가 떨어지는 소리나 개구리가 연못으로 뛰어드는 소리에 홀연히 그 경지에 이르기도 했다.

　선승들은 자연풍광을 잘 설계하여 시각적인 공안의 역할을 하게 했다. 찻집까지 구불구불하게 이어진 호젓한 길이 난 짙푸른 정원, 모래와 자갈로 이루어진 담백한 정원 같은 것들이 그 좋은 예가 된다. 정원을 조성하는 일은 시나 궁도(弓道)처럼 추상성과 엄격성을 구현하는 하나의 예술이요 영적인 훈련이었다. 어떤 정원사들은 다른 식물들은 일절 배제하고 이끼만 심기도 했다. 대부분의 정원사들은 수행자들이 감각적인 데 쏠릴 우려가 있다고 해서 꽃을 심는 것은 피했다. 선의 정원은 선 수행자들과 마찬가지로 답이 없는 질문을 던진다. 수행자들은 정원에서 묵묵히 관조하는 가운데 진리를 깨닫기도 하고 '산 것'과 '죽은 것' 같은 피상적인 구분법에서 홀연히 벗어나곤 한다. 다음에 나오는 정원들에서 볼 수 있듯이 물은 말없는 말을 건네고, 관목 울타리들은 전혀 움직이지 않으면서 파도처럼 굽이치고, 바위들은 계류처럼 소용돌이치고, 돌 주위의 여백은 공(空)의 의미를 드러낸다.

"차는 마음에서 걸어낸 물로 빚어내는 것이니
그 깊이를 측량할 길이 없구나…"

"대숲 그림자가
온밤 내 계단을 쓸어도
먼지 한 올 일어나는 일이 없고,
달빛이 연못 바닥을 꿰뚫어도
수면에는 아무런 자취가 없다."

"큰길(大道)에는 문이 없어서 수많은 길이 그리로 통한다.
이 문 없는 문을 통과하는 이는 천상과 지상을 자유로이 오간다."

가마쿠라(鎌倉) **바쿠후** 12세기 말에 미나모토 가가 가마쿠라에 세운 군사 정권. 이 정권이 세워진 지 얼마 지나지 않아 호조 가 사람들이 쇼군의 섭정으로서 권력을 장악했다.

가부키(歌舞伎) 17세기 교토에서 처음 선보인 연극 형식. 원래는 엉성한 줄거리에 노래와 활달한 민속춤을 곁들인 것으로 출발했으나, 세월이 흐르면서 역사극이나 가정극에 춤과 노래를 곁들인 형태로 변했다.

겐로쿠(元祿) **시대** 1688년에서 1704년에 이르기까지 상인들이 번영했던 시대. 에도, 교토, 오사카는 생동하는 도시 문화를 꽃피웠으며 연극, 인형극, 시, 산문, 미술 등이 번성했다.

고소데(小袖) '소매가 짧은 옷'을 뜻한다. 기모노에 비해서 소매가 짧으며 남녀가 모두 겉옷으로 즐겨 입었다.

기모노(着物) 일본의 남녀가 입었던 겉옷으로 길고 폭 넓은 소매가 달렸고, 대개 오비로 허리를 묶었으며 정교한 장식이 된 경우가 많았다. 흔히 여러 겹으로 겹쳐 입었다.

나기나타(薙刀) 긴 창끝에 낫처럼 전체적으로 약간 둥글게 휜, 길이가 30내지 60cm인 금속 날이 달린 무기.

노(能) 14세기에 발전한, 고전적이고 귀족적이며 고도로 양식화된 일본 연극.

다이라(平) **가** 11세기 말에 등장한 막강한 두 무사 가문 가운데 하나. 이 가문은 일본의 패권을 둘러싸고 미나모토 가와 경쟁했다. 헤이케 가라고도 한다.

다이묘(大名) 원래는 대지주를 뜻했다. 15세기 말에 이르러 자기 영지에 대한 완전한 통제권을 쥔 지방의 막강한 호족들은 누구에게도 고개를 숙이지 않은 채 서로 전쟁을 벌였다. 도쿠가와 바쿠후가 들어선 뒤 다이묘들은 쇼군의 가신이 됨으로써 예전의 권력이 크게

줄어들었고 부케쇼핫토라는 쇼군의 법을 따랐다.

다이카(大化) 645년, 중앙 정부를 강화하고 왕의 통치권을 일본 전역으로 확대시키고 조직적인 행정체계를 정비한 일련의 정치개혁.

도카이도(東海道) 에도와 교토를 잇는 길로 정부가 건설하고 관리한 다섯 간선도로 가운데 하나. 정부에서는 안전을 보장하고 음식을 제공했으며, 도로에는 검문소와 역참이 일정한 간격으로 늘어서 있었다.

도쿠가와(德川) **가** 미나모토 가에서 유래한 무사 가문. 이 가문 사람들이 일본을 통일하고 에도에 바쿠후를 세웠다.

로닌(浪人) 원래 '떠돌이'를 뜻하는 말로 도쿠가와 바쿠후 시대에 평화가 찾아오면서 전국의 영지를 재조직한 뒤 어디에도 고용되지 못해 주군도 없고 수입도 없는 상태가 된 무사들을 뜻한다.

미나모토(源) **가** 11세기의 가장 막강한 두 가문 가운데 하나. 미나모토 가문은 일본의 패권을 둘러싸고 다이라 가문과 경쟁했다. 이 가문의 지도자가 가마쿠라 바쿠후로 알려진 군사 정권을 세웠다. 겐지 가라고도 한다.

바쿠후(幕府) 말 그대로 '천막 정부'. 원래는 전쟁을 치르는 장군의 야전 사령부를 뜻했다. 그러다 후에 가서 쇼군들이 세운 무사 정부를 일컫는 말로 그 뜻이 바뀌었다.

봉건주의 일본의 경우 쇼군은 다이묘들에게 영지(봉토)를 내려주고, 다이묘들은 그 대가로 쇼군을 정치·군사적으로 지지하고 충성을 서약한 쇼군과 다이묘 사이의 관계 시스템. 다이묘와 그 가신들 역시 비슷한 서약으로 서로 관계를 맺었다.

부케쇼핫토(武家諸法度) 말 그대로 '무가를 위한 법률'. 1615년에 처음 발포된 이 법은 다이묘들이 쇼군에게 지고 있는 의무를 명기한 것으로, 바쿠후가 다이묘들을 통제할 수 있는 법률적 근거를

마련했다.

분라쿠(文樂) 17세기 교토에서 발전한 인형극. 검은 옷을 입은 인형 조종자들이 키가 90cm가량 되는 인형들을 놀리고 무대 뒤에서 영창자가 사미센의 반주에 맞춰서 줄거리를 낭송했다. 조루리(淨瑠璃)라고도 했다.

세이이타이쇼군(征夷大將軍) 원래 '야만인을 정벌하는 최고 사령관'을 뜻하며 쇼군의 다른 말이기도 하다.

아마테라스 오미가미(天照大神) 문자 그대로 '하늘을 밝히는 위대한 신'. 일본 왕실은 자기네가 바로 이 위대한 태양 여신의 후손이라고 주장했다.

아시카가(足利) **가** 1336년에서 1573년에 이르기까지 200년 이상을 왕의 이름으로 일본을 통치한 무사 가문. 그 시기 동안 일본은 거의 끊임없는 내전 상태를 겪었다.

온나가타(女方) 가부키에서 여성의 역할을 맡은 남자 배우.

와카(和歌) 아주 고아하고 고전적인 시 형식. 대개 31음절로만 이루어졌다.

하이카이(俳諧) 여러 명이 함께 짓는 경쾌하고 해학적인 14음절 또는 17음절의 시. 17음절의 시는 훗날 고유한 형식을 갖추면서 하이쿠가 되었다.

하이쿠(俳句) 3행 17음절로 이루어졌고 각행이 5·7·5절로 이루어진 일본의 인기 있는 서정시. 그 주제는 원래 자연으로만 한정되었으나 훗날 다른 주제들도 포괄하는 시로 발전했다.

하치만(八幡) 신도의 전쟁 신. 모든 무사의 수호신으로 신도의 신들 가운데 가장 인기가 있었다.

헤이안(平安) **시대** 794년에서 1185년에 이르는 평화와 안정의 시대. 이 시대에는 후지와라 가문이 정치권력을 장악했으며, 귀족들은 막대한 부를 축적하고 예술이 번성했다.

호조(北條) **가** 쇼군의 섭정으로 가마쿠라 바쿠후를 지배했던 중요한 무사 가문.

후지와라(藤原) **가** 9세기 중엽에서 12세기 중엽에 이르기까지 일본 왕들의 섭정 역할을 하고, 왕궁의 업무를 독점하고, 군주나 다름없는 권력을 행사한 막강한 가문.

옮긴이 _ 김훈 고려대학교 사학과를 졸업하고 〈동아일보〉 신춘문예 희곡 부문에 당선되었다. 현재 전문 번역가로 활동하고 있다. 옮긴 책으로는 《탐험의 역사》《훈 족의 왕 아틸라》《고대의 배와 항해 이야기》《파라오의 심판》《매디슨 카운티의 추억》《페이터의 산문》《패디 클라크 하하하》《나일 강의 사람들》등이 있다.

What Life Was Like 사무라이와 쇼군의 후예들

초판 1쇄 펴낸 날 _ 2005. 4. 20

지은이 _ 타임라이프 북스
옮긴이 _ 김훈
펴낸이 _ 이광식
편   집 _ 곽종구 · 오경화 · 김지연   영   업 _ 박원용 · 조경자
펴낸곳 _ 도서출판 가람기획   등   록 _ 제13-241(1990. 3. 24)
주   소 _ (121-130)서울시 마포구 구수동 68-8 진영빌딩 4층
전   화 _ (02)3275-2915~7   팩   스 _ (02)3275-2918
전자우편 _ garam815@chollian.net   홈페이지 _ www.garambooks.co.kr

ISBN 89 - 8435 - 184 - 9 (04900)
       89 - 8435 - 172 - 5 (set)
ⓒ 가람기획, 2005

What Life Was Like Among Samurai and Shoguns
Edited by Denise Dersin
Original copyright ⓒ 1999 by Direct Holdings Americas Inc.
Korean translation copyright ⓒ 2005 by Garam Publishing Co.
This Korean edition was published by arrangement
with Direct Holdings Americas Inc.
through Best Literary & Rights Agency, Korea
All rights reserved.

이 책의 한국어판 저작권은 베스트에이전시를 통한
원저작권자와의 독점계약으로 도서출판 가람기획이 소유합니다.
신저작권법에 의하여 한국 내에서 보호를 받는 저작물이므로
무단전재와 무단복제를 금합니다.

* 값은 뒤표지에 있습니다.
* 잘못된 책은 구입한 서점에서 바꿔드립니다.

* 서점에서 책을 살 수 없는 독자들을 위해 우편판매를 하고 있습니다.
  수   협 093-62-112061(예금주:이광식)
  농   협 374-02-045616(예금주:이광식)
  국민은행 822-21-0090-623(예금주:이광식)